CB010579

# Richard Wiseman

# ONDE ESTÁ O GORILA?

## AUMENTE SUA PERCEPÇÃO E DESCUBRA EXCELENTES OPORTUNIDADES

**Richard Wiseman**

# ONDE ESTÁ O GORILA?

## AUMENTE SUA PERCEPÇÃO E DESCUBRA EXCELENTES OPORTUNIDADES

Tradução
Alda Porto

EDITORA BEST SELLER

*Rio de Janeiro*
2005

CIP-Brasil. Catalogação-na-fonte
Sindicato Nacional dos Editores de Livros, RJ.

W766o

Wiseman, Richard (Richard John), 1966-
Onde está o gorila? / Richard Wiseman; tradução Alda Porto. -
Rio de Janeiro: Best Seller, 2005
Tradução de: Did you spot the gorilla?
Bibliografia
ISB 85-7684-091-X

1. Sucesso. 2. Sorte. 3. Auto-realização (Psicologia). I. Título

05-1956.          CDD 158
                  CDU 159.947

Título original inglês
DID YOU SPOT THE GORILLA?
Copyright © Richard Wiseman 2004

Capa: Julio Moreira
Editoração eletrônica: Fernando Palermo

Direitos exclusivos de publicação em língua portuguesa para o Brasil
adquiridos pela
EDITORA BEST SELLER LTDA.
Rua Argentina, 171, parte, São Cristovão
Rio de Janeiro, RJ – 20921-380
que se reserva a propriedade literária desta tradução

Impresso no Brasil

ISBN    85-7684-091-X

PEDIDOS PELO REEMBOLSO POSTAL
Caixa Postal 23.052
Rio de Janeiro, RJ – 20922-970

Para Caroline

# Agradecimentos

Este livro não teria sido possível sem a maravilhosa orientação de meu agente Patrick Walsh e dos editores ingleses Anna Cherrett, Lindsay Davies e Nikola Scott. Também sou grato à Universidade de Hertfordshire por apoiar esta obra, a Emma Greening por ajudar na pesquisa e ao professor Dan Simons, por produzir o filme original do "gorila". Por fim, meus agradecimentos muito especiais a Caroline Watt, pela assistência em cada estágio do processo, incluindo inestimáveis correções gramaticais e aguçado olhar na revisão das provas. Sem você, Caroline, este livro simplesmente não se realizaria tão cedo.

Ilustrações de DOW.

# Sumário

# Macaquices

"O mais difícil é ver o que está bem diante dos seus olhos."

*Johann Wolfgang von Goethe, poeta e romancista alemão*

O mestre da magia Harry Houdini certa vez assombrou o mundo fazendo um elefante desaparecer completamente. Você vai realizar uma versão desta incrível ilusão, aqui, agora mesmo.

Dê uma olhada na ilustração seguinte. À esquerda está Houdini e à direita um elefante. Como você pode ver claramente, o elefante está em plena vista, e não há qualquer alçapão nem espelhos de aparência suspeita.

Feche o olho esquerdo, segure o livro à distância de um braço e olhe a cabeça de Houdini com o olho direito. Agora aproxime lentamente o livro do rosto, mas continue olhando sempre a cabeça de Houdini com o olho direito. Em algum ponto, geralmente quando o livro estiver a cerca de 30 centímetros do seu rosto, o elefante vai de repente desaparecer. Está ali num momento, e no seguinte já desapareceu.

Você acabou de fazer um elefante desaparecer em pleno ar. Muito bem. A não ser que esteja lendo este livro numa livraria, claro, neste caso demonstre o truque para a pessoa a seu lado. (Supondo-se que também os fregueses sigam depois a instrução, logo toda a livraria estará fazendo o mesmo.)

Essa simples ilusão funciona porque cada um dos nossos olhos tem um "ponto cego" — uma pequena área em cada globo ocular que literalmente não vê o mundo. Em vez de lhe mostrar que falta algo, seu cérebro automaticamente preenche as lacunas da área circundante e varre qualquer elemento que se encontre diante dos seus olhos.

O mesmo fenômeno se aplica à maneira como vemos o mundo. Todos temos "pontos cegos" psicológicos que às vezes nos fazem perder saídas óbvias, soluções simples para problemas complexos e oportunidades que poderiam transformar nossas vidas.

> "Quatro coisas jamais voltam: a palavra dita, a flecha usada, o passado e a oportunidade negligenciada."
>
> OMAR IDN AL-HALIF, ERUDITO ÁRABE

Este livro mostra como você pode superar esses "pontos cegos" e perceber o que está bem diante dos seus olhos. Ao longo do caminho, vamos descobrir como a percepção do que é óbvio resultou em vários fatos importantes na ciência, na indústria e nos negócios. Como o óbvio levou Newton a entender a gravidade e Darwin a criar a teoria da evolução. Inspirou Gutenberg a inventar a prensa tipográfica e os irmãos Wright a construírem o primeiro aeroplano do mundo. E como ajudou Henry Ford a tornar-se um multimilionário e inúmeros outros a produzirem vários dos produtos e serviços mais vendidos no mundo. Mas este livrinho não trata apenas de mudar a história. *Os princípios aqui descritos podem ser aplicados numa base diária para ajudá-lo a aprimorar seu desempenho pessoal e profissional. A fazer negócios e formar novos relacionamentos. A inovar e criar. A mudar a maneira como você se vê e vê os outros.*

As idéias aqui descritas estão fundamentadas em minha pesquisa anterior sobre a psicologia da sorte. Ao longo de mais de dez anos, estudei a vida de centenas de pessoas excepcionalmente sortudas e azaradas, e publiquei minhas descobertas em *O fator sorte*. Descobri que algumas pessoas têm muito mais golpes de sorte e oportunidades que outras. Por quê? Porque, sem o perceber, são capazes de superar seus pontos cegos psicológicos e perceber oportunidades óbvias que escapam à maioria das pessoas.

---

"As oportunidades se multiplicam
quando são agarradas."

SUN TZU, GENERAL CHINÊS E AUTOR DE
*A ARTE DA GUERRA*

---

Talvez a resposta mais expressiva a esta obra tenha sido da comunidade empresarial. Quase todo mundo fica animado com a idéia de ser mais capaz de reconhecer e aproveitar oportunidades inesperadas. Esse entusiasmo é alentado pelo fato de que hoje, mais do que nunca, os negócios se realizam em ambientes imprevisíveis — e competitivos. Foram-se os tempos em que as organizações podiam pensar o futuro com exatidão infalível e simplesmente presumir que haveria um mercado para seus produtos e serviços. Em vez disso, mudanças cada vez mais velozes criaram um ambiente muito mais fluido, imprevisível e desafiador

---

"Aproveitar o momento de ouro da
oportunidade e agarrar o bem ao nosso
alcance, é a grande arte da vida."

SAMUEL JOHNSON, ESCRITOR BRITÂNICO

---

Oportunidades vêm e vão diariamente. Assim como o elefante de Houdini, estarão ali num momento e desaparecerão no seguinte. Nesse clima de mudança constante, não surpreende que as empresas estejam ávidas por descobrir como se destacar reconhecendo e tirando vantagem das oportunidades. Este livro é uma resposta a essa onda de interesse. Apresenta nova pesquisa fundamentada em meu trabalho original sobre sorte, e descreve quatro técnicas simples que podem ser usadas para reconhecer oportunidades inesperadas.

O que afinal tudo isso tem a ver com gorilas? É uma boa pergunta. O título do livro vem de um filme de 30 segundos feito pelo psicólogo de Harvard Daniel Simons, e seus colegas, para estudar a psicologia da visão.[1] Participam do filme seis jogadores de basquete — três usando camisetas brancas e os outros três camisetas pretas. Os atletas de camisetas brancas têm uma bola de basquete, e durante o filme passam-na de um para o outro. Na metade do filme, um homem vestido de gorila entra devagar na quadra, anda entre os jogadores, bate no peito para a câmera e depois se afasta.

Voluntários foram recrutados para assistir ao filme e contar o número de vezes que as pessoas de camisetas brancas passaram a bola umas para as outras. No fim do filme, perguntou-se a todos os espectadores se haviam visto algo fora do comum. Surpreendentemente, pouquíssimas pessoas perceberam o gorila. Eis a demonstração perfeita de um incrível ponto cego psicológico.

Apresentei minha versão desse filme em várias palestras para empresas ao longo dos anos. Ao término da demonstração, fazia uma única pergunta: "Vocês viram o gorila?" A maioria das pessoas me olhava sem expressão, e assim eu passava de novo o filme, mas dessa vez mostrando o homem fantasiado de gorila. As reações são fascinantes. Várias pessoas ficam tão atordoadas que emudecem. Outras riem nervosamente. Apenas uma minoria se recusa a acreditar nos próprios olhos e me acusa de trocar o filme.

Há alguns anos mostrei o filme a um público de renomados cientistas. Logo depois, uma ilustre autoridade em biologia molecular disse num programa de rádio nacional que o gorila mudara a vida dele, fazendo-o perceber quanta coisa talvez estivesse deixando de ver em seu laboratório.

Em outra ocasião, apresentei a demonstração na rede de televisão BBC e depois entrevistei pessoas sobre sua reação ao filme. Eis o que disseram:

"É impressionante, eu de fato não achava que pudesse deixar de vê-lo."

"Incrível, falando sério, realmente incrível."

"Nos faz imaginar o que mais estamos perdendo na vida."

O gorila é uma metáfora significativa e divertida para os pontos cegos psicológicos que nos impedem de reconhecer o óbvio. Visto assim, este livro trata de como perceber gorilas em nossa vida pessoal e profissional.

Agora é hora de pegar seus binóculos, pois vamos embarcar num safári de caça ao gorila que vai mudar para sempre a maneira como você vê o mundo.

Duas questões rápidas antes de partirmos.

Primeiro, como você não vai querer perder nada ao longo do caminho, talvez seja necessário testar seu binóculo, tentando encontrar o gorila escondido entre a manada de elefantes prestes a desaparecer na ilustração a seguir.

Segundo, espero que não se incomodem, mas eu convidei dois amigos a se juntarem a nós na viagem.

— De onde você tirou isso? — perguntou Oliver.

— Um amigo me recomendou — respondeu Lucy. — Disse que o fez realmente pensar sobre certas situações, e que deveríamos dar uma olhada... O que você acha?

— Bem, para ser franco, só tive tempo de ler a introdução, mas não tive problema algum para localizar o gorila entre os elefantes. Se tudo for assim tão fácil, devo apresentar uma nova teoria da evolução na quarta-feira e me tornar um milionário no fim de semana!

Oliver devolveu o livro a Lucy.

— Não me entenda mal, acho que seria fantástico conseguir ver as oportunidades óbvias... Mas não acredito que possamos descobrir gorilas que mudarão o mundo!

— Parabéns, Oliver, é isso aí... Desistir antes mesmo de começar! — respondeu Lucy, sarcástica. — Mas não se trata só de mudar o mundo, mas de aplicar idéias à vida cotidiana. Veja, você participou da reunião na semana passada e ficou sabendo do que não está indo bem na empresa. O pessoal de marketing anda às voltas com a apresentação de uma boa idéia para a nova campanha publicitária, houve mais queixas porque os elevadores são muito lentos, ninguém sabe como fazer com que as pessoas se liguem na conferência do mês que vem, e a nova tecnologia no depósito de atacado ainda não está funcionando adequadamente. Talvez seja hora de explorar idéias diferentes.

— Acho que entendo o que você quer dizer. Só que eu nunca fui muito bom em coisas que envolvam ser criativo, nem pensar diferente ou em qualquer coisa assim de estalo.

— Ah... Agora estamos chegando à raiz do problema. Bem, as idéias aqui são todas sustentadas por pesquisa, e parece que qualquer um pode aplicá-las, desde que se disponha a fazer uma tentativa.

— Tá bem, tá bem, você venceu. O que·temos de fazer?

— Bem, pelo que eu entendi, há quatro idéias principais, e a chave é pensar ativamente em como elas se aplicam às nossas vidas — explicou Lucy, pegando um pedaço de papel e um lápis. — Por isso vou desenhar um gorila para nos lembrar de sermos ativos, e não passivos, enquanto examinamos o livro.

Lucy dobrou o papel, entregou-o a Oliver e levantou-se.

— Aqui vamos nós. Poderia pregar isto no quadro de avisos para mim? Tenho de ir a um encontro com a Martha do Marketing, mas a gente conversa sobre isso depois. Tchau.

— Não quero parecer céptico antes mesmo de começarmos, mas você não é nenhum Michelangelo. Desenhar um gorila não foi uma espécie de desafio?

— Não, nem um pouco. Depende de como vemos as coisas — gritou Lucy ao desaparecer pela porta do escritório.

Oliver abriu o papel, sorriu e prendeu-o com todo o cuidado no quadro de avisos.

Momentos depois, pegou o livro e começou a ler.

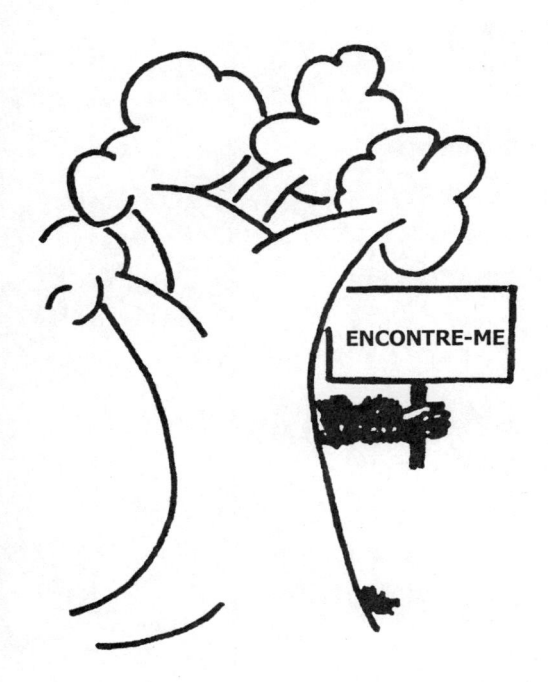

# CAPÍTULO UM
# A mente condicionada

"Nos campos da observação, a sorte favorece a mente preparada."
*Louis Pasteur, bacteriologista francês*

Antes de mostrar às pessoas o filme da bola de basquete, eu explico que elas vão participar de um teste de observação e têm de contar o número de vezes que a bola passa de uma pessoa para a outra durante o filme. Em nenhum momento falo que o filme pode conter alguma coisa fora do comum, e portanto ninguém espera ver um gorila. Em termos mais científicos, os cérebros das pessoas simplesmente não estão *preparados* para ver um homem usando uma fantasia de animal grande e boba. Tudo isso é vital quando se trata de entender por que deixamos de perceber o óbvio. O cérebro humano é muitas vezes admiravelmente capaz de perceber aquilo que quer observar. Quando você está com fome, seu cérebro se concentra em encontrar comida. Quando você sente sede, ele procura líquido. O problema é que seu cérebro pode se concentrar tanto em ver o que espera, que perde detalhes óbvios mas inesperados.

Você na certa já experimentou esse fenômeno vários vezes em sua vida. Lembra-se, por exemplo, da vez em que estava à espera de um amigo na estação ferroviária e passou direto por outro bom amigo, que por acaso também se encontrava ali, simplesmente porque não esperava vê-lo? Ou da vez em que testou seu binóculo no final da Introdução, mas, como estava preparado para ver o gorila, não reparou que todos os elefantes têm patas meio incomuns?

A boa notícia é que é possível aumentar sua capacidade de reconhecer oportunidades usando a tendência de seu cérebro para ver o que quer ver. Dê uma olhada rápida à sua volta. Talvez esteja numa loja, no escritório ou em casa. Esteja onde estiver, olhe ao redor. Em seguida, escolha uma cor da lista abaixo:

VERMELHO      AZUL      VERDE      AMARELO

Agora olhe mais uma vez em volta, mas desta vez concentre-se em qualquer objeto que seja da cor que você escolheu. Se escolheu azul, olhe apenas para objetos azuis, por menores que sejam. Talvez tenha notado um pequena parte azul da capa de um livro. Ou um pedaço de tecido azul. Ou um minúsculo desenho azul no tapete. Quando a maioria das pessoas faz este exercício, relata que a cena parece diferente na segunda vez porque localizaram objetos, ou partes de objetos, que lhe escaparam da primeira vez. Agora escolha outra cor e repita o exercício. De novo, olhe em volta e só se atenha a objetos, ou partes deles, que sejam da sua cor escolhida. O que notou desta vez? De novo, a maioria das pessoas se surpreende ao perceber como pequenos detalhes lhes saltam aos olhos, e que reparam em objetos que simplesmente não viram na primeira olhada.

> **"O que vemos depende principalmente do que procuramos."**
>
> *SIR* JOHN LUBOCK, CIENTISTA BRITÂNICO

Neste exercício, você preparou o seu cérebro para notar cores e objetos que lhe escaparam quando olhou pela primeira vez. Pode-se usar o mesmo conceito para perceber gorilas. A chave é preparar o cérebro para os tipos de oportunidades que você deseja encontrar, ou os problemas que quer resolver, e depois dar-lhe tempo e liberdade para esquadrinhar os arredores, em busca de possíveis caminhos a serem seguidos e soluções. A cada dia somos bombardeados com todos os tipos de objetos, informação, encontros, comentários, e-mails, idéias e assim por diante. Se seu cérebro estiver preparado para lidar com um problema, irá examinar inconscientemente tudo isso com atenção, e trabalhar silenciosamente no problema. Então, de vez em quando, ele verá uma solução, oportunidade ou caminho a ser seguido que de outro modo teria deixado passar. A capacidade do cérebro para realizar esse espantoso feito foi demonstrada em diversas experiências científicas.

Num estudo,[2] fez-se a voluntários uma série de perguntas de conhecimento geral bastante difíceis, como esta:

Qual é o instrumento náutico usado na medição de distâncias angulares, em especial a altitude do sol, da lua e das estrelas no mar?

Os voluntários só responderam corretamente a cerca de 30 por cento das perguntas. Contudo, as questões haviam preparado seus cérebros, sem que eles se dessem conta, para procurar as respostas no ambiente em volta. Pouco depois que lhes foram feitas as perguntas, apresentou-se aos voluntários uma série de palavras na tela de um computador (por exemplo: consumo, dascrever, sextante, trinferência, guarda-chuva) e pediu-se que dissessem se cada uma era ou não uma palavra. Embora eles não o soubessem, várias das palavras (como sextante) eram de fato as respostas às perguntas que haviam visto antes.

Mais tarde os voluntários retornaram ao laboratório e foilhes feita de novo cada uma das perguntas difíceis. Surpreendentemente, embora eles não soubessem como ou por quê, desta vez responderam a quase 70 por cento corretamente. O que os pesquisadores haviam feito foi preparar os cérebros deles com perguntas e depois apresentar-lhes uma oportunidade inesperada para reconhecer as respostas a essas perguntas. Se não houvessem sido preparados pelas perguntas, seus cérebros não teriam notado a relevância das palavras que eles viram na tela do computador. Mas, como tinham o cérebro de prontidão, conseguiram perceber e aproveitar uma oportunidade inesperada para resolver o problema.

Em outro teste destinado a examinar o pensamento criativo, os voluntários foram levados a uma sala com vários objetos espalhados pelo chão e duas cordas pendendo do teto (ver a ilustração a seguir, à esquerda).[3] A tarefa deles era amarrar as pontas das duas cordas. Havia apenas um probleminha. O comprimento das cordas e a distância entre elas era tal que se tornava impossível pegar as duas ao mesmo tempo. A solução era amarrar um dos objetos à ponta de uma corda e assim transformá-la num pêndulo que pudesse ser balançado até a outra corda (ver a ilustração da direita). Depois que os voluntários trabalharam no problema durante algum tempo, o pesquisador entrou na sala para um breve papo. Ao sair, esbarrou numa das cordas e a fez balançar suavemente. Em seguida, a maioria dos voluntários pensou na solução do pêndulo, totalmente alheia de que o suave balanço da corda funcionara como importante pista. Sem o conhecimento deles, seus cérebros haviam sido preparados com um problema e com grande rapidez detectaram e tiraram proveito de uma oportunidade aparentemente fortuita.

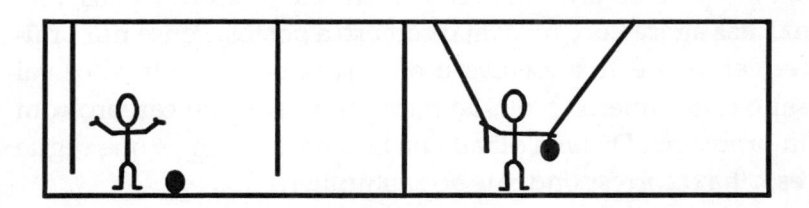

Vamos fazer um curto passeio para demonstrar como isso funciona na vida real. Imagine-se saindo para uma caminhada e passando por cada um dos dez objetos na ilustração a seguir.

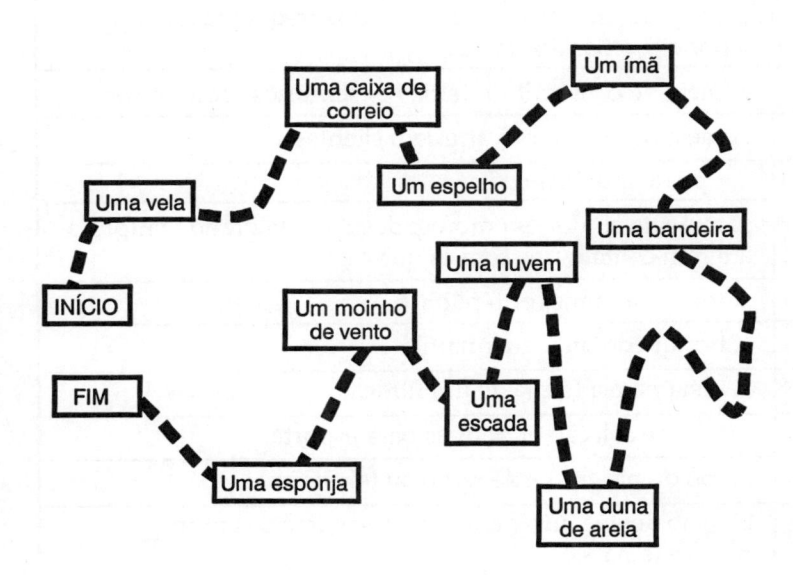

É bem possível que você não tenha realmente pensado nos objetos ao passar andando por eles. Afinal, por que deveria? São todos itens do dia-a-dia, que você terá visto várias vezes antes, e pelos quais passará de novo várias vezes. Parte dessa falta de interesse deve-se ao fato de seu cérebro não estar preparado com um problema. Vamos refazer o mesmo caminho mais uma vez, mas agora você irá com o cérebro a postos. Pense num número entre 1 e 10 e escreva-o no Box vazio a seguir. Você vai usar o seu número escolhido para preparar o seu cérebro com um problema. Dê uma olhada na lista de problemas que segue e escolha o correspondente ao seu número.

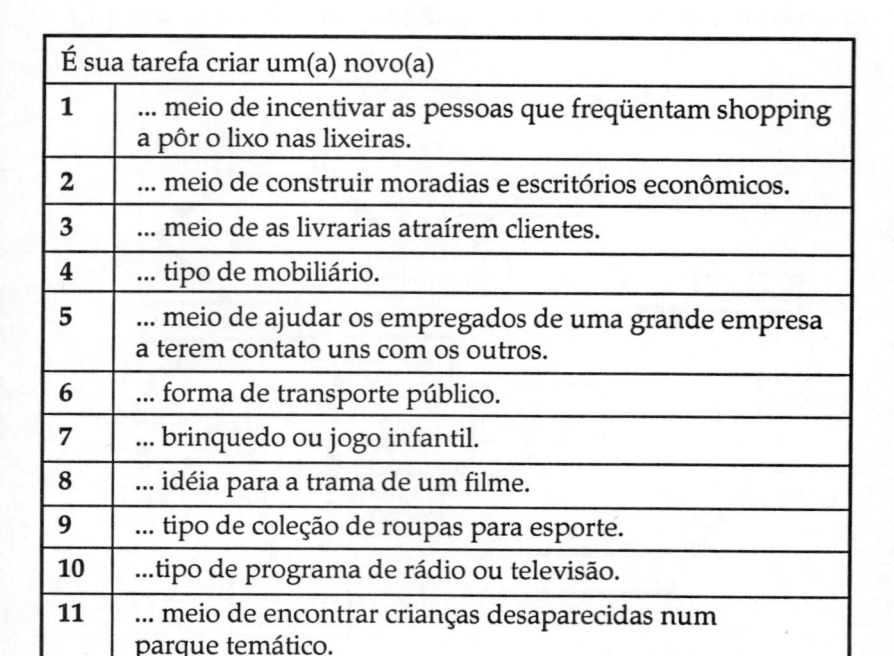

| É sua tarefa criar um(a) novo(a) | |
| --- | --- |
| 1 | ... meio de incentivar as pessoas que freqüentam shopping a pôr o lixo nas lixeiras. |
| 2 | ... meio de construir moradias e escritórios econômicos. |
| 3 | ... meio de as livrarias atraírem clientes. |
| 4 | ... tipo de mobiliário. |
| 5 | ... meio de ajudar os empregados de uma grande empresa a terem contato uns com os outros. |
| 6 | ... forma de transporte público. |
| 7 | ... brinquedo ou jogo infantil. |
| 8 | ... idéia para a trama de um filme. |
| 9 | ... tipo de coleção de roupas para esporte. |
| 10 | ...tipo de programa de rádio ou televisão. |
| 11 | ... meio de encontrar crianças desaparecidas num parque temático. |

Em seguida, passe alguns minutos tentando resolver o problema que escolheu e escreva suas idéias no boxe seguinte. Após criar uma ou duas soluções, pare.

Agora vamos refazer a mesma caminhada e passar pelos mesmos dez objetos como antes. Mas agora deixe seu cérebro alerta e receptivo. Imagine que um ou mais objetos vão ajudá-lo a resolver seu problema num romance, de uma maneira inesperada e simples. Dê uma olhada em cada objeto e perca alguns momentos pensando em como ele poderia ajudá-lo a resolver o problema. Talvez consiga pensar num uso bastante literal para o objeto. Outras vezes, a solução pode ter base em um conceito associado ao objeto. De vez em quando, é possível que um objeto apenas desencadeie uma associação que leve a uma idéia totalmente sem sentido. Às vezes um objeto não levará a idéia alguma — tudo bem, nesse caso simplesmente passe para o objeto seguinte.

Antes de começar, talvez ajude se eu demonstrar como funciona a idéia. Vamos supor que eu não tenha lido as instruções corretamente, tenha escolhido a opção 11, e portanto tentasse criar um novo meio de encontrar crianças desaparecidas num parque temático. Trata-se de um problema difícil, porque esses parques são enormes, e muitas crianças perdidas são tímidas ou ficam transtornadas demais para pedir ajuda a adultos e funcionários do local. Ao passar andando por cada um dos objetos, penso em como eles poderiam revelar-se úteis. Por exemplo, uma vela ajuda as pessoas a encontrarem o caminho no escuro — por que não dar a cada criança, ao entrar no parque, um mapa especialmente desenhado que indique claramente onde deva ir caso se perca. Ou, enquanto fazem fila para entrar, passar para elas um vídeo divertido sobre um mico que certa vez se perdeu no parque mas acabou bem, porque ele foi sensato e encaminhou-se para o quiosque de micos perdidos.

Passemos ao objeto seguinte. Uma caixa postal. Muito bem, você põe cartas numa caixa postal e elas são recolhidas e enviadas. Por que não pôr caixas em todo o parque com campainhas que as crianças possam apertar se estiverem perdidas. Quando uma campainha for apertada, um membro do quadro de funcionários pode sair e recolher a criança.

Não consigo pensar em nada para o espelho, mas um ímã desencadeia todo tipo de idéias. Os ímãs atraem metal. Que tal construir o quiosque de pessoas perdidas de uma forma tal que atraia a atenção de crianças. E agora ocorreu-me uma maneira de inverter o problema. Em vez de tentar atrair crianças para o quiosque de pessoas perdidas, vamos descobrir onde a maioria delas tende a ir quando se perde no parque, e construir ali o quiosque. Muito bem, agora é a sua vez. Aproveite o passeio e anote suas idéias.

Este exercício é uma analogia direta ao modo como seu cérebro funciona na vida real. O segredo não está em esquecer completamente o problema, nem em concentrar total atenção nele. Em vez disso, você precisa encontrar o equilíbrio — uma forma de permanecer atento à questão, mas ao mesmo tempo estar receptivo ao inesperado. Assim que seu cérebro estiver condicionado a isso e lhe sejam dados tempo e liberdade para olhar ao redor, você inconscientemente passará a avaliar como os acontecimentos e idéias que encontra poderiam ajudar a resolver o problema. Então, de vez em quando, sua mente descobre um gorila e lhe informa sobre o que viu. De repente, você experimenta aquele momento de "AHÁ", ao perceber uma oportunidade inesperada ou solução óbvia que estava bem ali à sua frente. Talvez pareça uma coincidência espantosa, um golpe de sorte inacreditável, uma descoberta ou dádiva dos deuses. Na verdade, trata-se do produto de um cérebro preparado e olhos abertos. Um momento de intuição produzido pelo cérebro que examinou milhares de experiências, soluções e momentos possíveis, mas só registrou sob o que era significativo e útil.

---

**"As pessoas só vêem o que estão preparadas para ver."**

RALPH WALDO EMERSON, POETA
E FILÓSOFO AMERICANO

---

Esta idéia simples explica alguns do mais famosos momentos de percepção da história. Na Grécia Antiga, o matemático Arquimedes viu um gorila em sua banheira e proferiu a palavra imortal: "Eureca!" ("Eu vi o macaco!") Segundo a lenda, um novo rei dera ao melhor ourives do país uma grande quantidade de ouro sólido, e ordenou-lhe que criasse uma nova e elaborada coroa. Um ano depois, o ourives retornou e presenteou o rei com uma bela coroa. Contudo, o rei ficou desconfiado, perguntando-se se o artesão havia substituído parte do ouro por algum metal menos valioso. Com base na física da época, o rei raciocinou corretamente que o volume de uma coroa de ouro puro seria pouco inferior ao de uma coroa que pesasse a mesma coisa, mas contivesse menos metal precioso. O problema era que ninguém conseguia conceber um modo de medir o volume exato de um objeto com uma forma tão irregular. O rei acabou recorrendo a Arquimedes em busca de ajuda. Após pensar, mas rejeitando algumas soluções possíveis, o filósofo decidiu fazer um intervalo e tomar um banho. Quando ele entrou nu na banheira, a água deslocada esparramou-se pela borda, e num lampejo lhe veio a solução. De repente, viu-se cara a cara com o gorila (o que, eu desconfio, foi uma surpresa para os dois). Arquimedes compreendeu que se a coroa do rei fosse posta num recipiente com água, o aumento do nível da água daria a medida exata do volume da coroa. A mente condicionada do filósofo reconheceu instantaneamente a oportunidade inesperada de resolver um difícil problema.

---

"Eu me prepararei, e um dia
a minha chance chegará."

ABRAHAM LINCOLN, PRESIDENTE DOS ESTADOS
UNIDOS DA AMÉRICA ENTRE 1861 E 1865

---

A mesma idéia também explica a criação de alguns dos mais famosos e bem-sucedidos produtos. Toma-se, por exemplo, a história por trás da invenção do biscoito de Natal. Na década de 1850, o confeiteiro Thomas Smith juntou uma grande quantidade de dinheiro fazendo e vendendo o precursor do biscoito de Natal — um pequeno cilindro de cartolina contendo uma amêndoa confeitada, papel decorativo e quinquilharias. Os rivais de Smith, contudo, começaram a produzir produtos similares, e ele percebeu que precisava de um bom truque publicitário para chamar atenção e permanecer à frente da competição. Após analisar o problema durante várias semanas, estava em pé diante da lareira e chutou um pedacinho de madeira em brasa que saltara do fogo. A lenha emitiu um alto estalo, e Smith sentiu-se de repente inspirado a criar um brinde-surpresa festivo que desse um estampido quando rasgado, puxando-se as duas extremidades. Em 1860, ele lançou "Explosões de Expectativa". Por volta da virada do século, sua fábrica produzia 13 milhões de biscoitos por ano, e Thomas Smith se tornara um homem muito rico. Tudo porque vira um gorila que caíra por acaso de sua lareira.

> "As sementes das grandes descobertas estão constantemente flutuando à nossa volta, mas só se enraízam em mentes bem preparadas para recebê-las."
>
> JOSEPH HENRY, FÍSICO AMERICANO

E a história de Thomas Smith é apenas a ponta do iceberg. Pense, por exemplo, em como a idéia da máquina a vapor ocorreu a James Watt, ao observar uma chaleira fervendo. Ou como *sir* Isaac Newton desenvolveu o conceito da gravidade após ver uma maçã cair no chão. Ou como, depois de longas e cuidadosas experiências, Charles Goodyear acabou descobrindo uma forma comercialmente viável de borracha ao deixar uma amostra cair por acidente num fogão quente, quando notou que o produto formava uma substância altamente estável. Os irmãos Kellogg, após se esforçarem durante anos para criar uma nova forma de cereal para o desjejum, deixaram acidentalmente um pouco de trigo cozido sem tratar por um dia, e surpreenderam-se ao descobrir uma agradável textura de flocos. O arquiteto Frank Lloyd Wright brincou com vários desenhos para criar o telhado da igreja que projetou em Wisconsin, antes de encontrar inspiração na forma de suas mãos em oração. *Sir* Alexander Fleming passou vários anos tentando desenvolver antibióticos mais eficazes, e então um dia notou que um pedacinho de mofo por acaso caíra numa de suas placas de Petri e matara as bactérias ali cultivadas — observação que o levou a um dos maiores avanços na história da medicina: a descoberta da penicilina.

> Recentemente realizei uma pesquisa na qual eram feitas aos voluntários duas perguntas simples: "Você costuma ter sorte?" e "Se trabalhou num problema durante algum tempo, mas fez pouco progresso, você desiste de se esforçar e espera que uma solução ou oportunidade se apresente por si mesma?".
>
> Os resultados forneceram forte indício em favor do poder da mente condicionada. Pessoas que muitas vezes experimentam golpes de sorte relataram que com freqüência empregam seu tempo pensando num problema, mas depois permitem-se uma folga e deixam os olhos divagarem ao redor e o cérebro encontrar uma solução.[4]

Os gorilas são animais imprevisíveis, que surgem em todas as formas e tamanhos. Talvez sejam uma pessoa que você vai encontrar numa festa na próxima semana. Ou um objeto que você vê na vitrina de uma loja. Ou uma idéia sobre a qual lê no jornal. Ou um anúncio com que se depara numa revista. Ou uma conversa que tenha numa conferência. Ou uma observação fortuita feita por um cliente, colega ou filho. Na verdade, talvez haja um gorila parado diante de você agora mesmo. Ou escondido à sua esquerda. Ou esperando para saltar de um e-mail amanhã.

Não importa a aparência dos gorilas, nem onde estejam escondidos: você os perceberá se sua mente estiver condicionada por um problema e dispuser de tempo e liberdade para procurar soluções e oportunidades sempre e quando elas surgirem.

Trata-se de estar consciente do problema, mas sem se esforçar demasiadamente para isso.

Significa ver mais com menos esforço.

---

Gorilas são percebidos por cérebros preparados e que têm tempo e liberdade para procurar possíveis soluções.

Tenha a mente preparada e os olhos abertos.

## Dicas do Gorila

Ao preparar sua mente para um problema, trabalhando nele, em seguida diminuindo o esforço e mantendo-se receptivo a novas e diversas idéias, você permite que seu cérebro apresente soluções inovadoras.

**Dica:** A fim de preparar sua mente para um problema, escreva uma única frase que afirme o que deseja alcançar. Pode ser algo em sua vida pessoal ou profissional. Seja o mais simples e específico possível. Em seguida, dedique algum tempo e esforço explorando possíveis soluções. Dê alguns telefonemas, comente a questão com algumas pessoas, encontre um tempo para examiná-la mais profundamente, ou procure informações relevantes em livros ou na Internet. Depois, se não chegar a uma resposta, simplesmente pare de tentar com tanto afinco.

**Dica:** Quando você diminuir seu empenho em resolver a questão, tente não esquecê-la completamente, mas em vez disso continue atento ao problema. Ponha um gorila de brinquedo em sua mesa, ou um objeto inusitado no bolso, para fazê-lo lembrar-se dele.

**Dica:** Para alimentar a mente com idéias novas e diversas, tente ir a um museu ou galeria de arte que nunca tenha visitado antes, ou folhear uma revista ou jornal desconhecidos, ou surfar na Internet. Mas não force a barra. Mergulhe em idéias e experiências originais, e deixe ao encargo de seu cérebro encontrar conexões e criar oportunidades para descobertas felizes e inesperadas.

■ ■ ■

Martha serviu o café a Lucy e sorriu.

— E aí, como anda sua vida?

— Ah, você sabe. Continuo redecorando meu novo apartamento e fazendo aulas de salsa toda sexta-feira. E você? Soube que está trabalhando numa enorme campanha publicitária.

— É, recebemos o briefing há alguns meses, mas ainda estamos batalhando — suspirou Martha, pegando um pedaço de papel na mesa. — Diz: "Precisamos informar às pessoas que a empresa realmente se importa em cultivar relações duradouras com os consumidores... que pensamos no longo prazo, enquanto outros só se interessam por lucros rápidos." É uma mensagem esplêndida, mas é também muito difícil encontrar algo que atraia mesmo a atenção das pessoas.

— Hum... entendo. Oliver e eu conversamos sobre como poderíamos fazer mudanças na empresa aplicando algumas técnicas novas de que ouvimos falar. Tem a ver com reconhecer oportunidades e soluções para problemas... você estaria a fim de fazer uma tentativa?

Martha sorriu:

— Claro, adoro experimentar novas opções. Na minha vivência, isso em geral é divertido mesmo quando não funciona. O que eu tenho de fazer?

— É bom ver alguém tão receptivo... Oliver se mostrou bem mais cético. Muito bem, o primeiro passo envolve pensar no problema.

— Pode acreditar, é só o que tenho feito nas últimas semanas.

— Talvez você esteja tentando demais. Parece que ajuda se a gente simplesmente puser o problema em fogo brando, não esquecê-lo de todo, mas não se esforçar tanto em resolvê-lo. Apenas mantenha os olhos abertos para idéias e oportunidades em lugares fora do comum e inesperados, e veja o que acontece.

— Por mim, tudo bem. Realmente imaginei se estava caindo numa rotina. O problema é que, quando as coisas são realmente importantes, fica difícil a gente se soltar assim.

— Eu sei, mas observe o que a sra. Sorte lança para você — disse Lucy, tranqüilizadora. — Mantenha os olhos abertos para coincidências e experiências interessantes que lhe mostrem novas direções. Vou lhe mandar os detalhes por e-mail.

— Tudo bem, maravilha. Mas, falando de novas experiências, lhe contei que meu caçula acabou de entrar numa nova escola?

# CAPÍTULO DOIS

# O poder da perspectiva

> "A genialidade é pouco mais que a
> capacidade de perceber de uma
> maneira não habitual."
> *William James, psicólogo americano*

Quando assistem ao filme do basquete, as pessoas só o vêem de uma perspectiva. Acreditam que é vital concentrar-se na bola, e por isso não pensam na possibilidade de observá-lo de outra maneira. Isso é muito fácil de provar. Peça às pessoas que contem o número de passes da bola, e cerca de 80 por cento não verão o gorila. Peça-lhes que assistam ao filme sem se concentrar na bola, e quase todas verão o gorila. A perspectiva desempenha um papel igualmente vital na determinação do que vemos quando olhamos o mundo, e muitas vezes dita se percebemos certas oportunidades e saídas.

Dê uma olhada na ilustração a seguir. Há mais detalhes na imagem do que se pode ver com um simples olhar. Na verdade, pode-se analisá-la de duas maneiras completamente diferentes. Se você segurar o livro normalmente, a ilustração mostra um homem de aparência meio estranha, sentado num barco junto a uma ilha, com os olhos nervosos cravados num peixe gigantesco. Contudo, se você virar o livro de cabeça para baixo, a ilustração se transforma num desenho do mesmo homem colhido pelo bico de um pássaro gigantesco. Esta admirável imagem foi criada na virada do século XX pelo cartunista Gustave Verbeek, como uma solução engenhosa para um problema meio ardiloso. Ele produzia regularmente uma tira com quatro quadrinhos para *The Sunday New York Herald*, mas quis presentear os leitores com tiras mais elaboradas, com oito quadrinhos. Quando os editores se recusaram a dar mais espaço para seu trabalho, ele criou imagens que descreviam uma cena quando vistas na posição normal e outra quando viradas de cabeça para baixo. Assim, Verbeek conseguiu encaixar histórias de oito quadrinhos numa tira de quatro.

A ilustração ainda se relaciona à localização do gorila de outro modo mais profundo. Partes muito diferentes do desenho são visíveis em cada um dos dois pontos de vista. Quando o livro é visto na posição normal, a ilha domina a ilustração, mas quando virado de cabeça para baixo, a ilha desaparece totalmente. Do mesmo modo, quando viramos o livro de cabeça para baixo, o pássaro gigantesco fica óbvio, mas quando o seguramos na posição normal, é quase impossível percebê-lo. A mesma idéia também se aplica ao reconhecimento de oportunidades. Qualquer acontecimento, pessoa, objeto, produto, serviço, relacionamento, organização ou situação pode ser visto de várias maneiras diferentes. De algumas perspectivas, é difícil encontrar os gorilas, enquanto de outras é quase impossível deixar de vê-los.

Tome, por exemplo, o seguinte problema:

Como você pode adicionar apenas uma linha à seguinte afirmação, a fim de torná-la correta?

$$10 \quad 10 \quad 11 = 10:50$$

Há uma solução simples para o problema. Contudo, no momento, seu cérebro provavelmente está assimilando a situação de uma certa perspectiva, e por isso não consegue ver o gorila. Se não conseguiu resolver o quebra-cabeças, e quer uma pista, vá até a página 105.

Ajudou? Quando você viu o problema pela primeira vez, seu cérebro supôs que a afirmação envolvia algum tipo de matemática. Nessas circunstâncias, parecia impossível resolvê-lo. Mas assim que o cérebro muda de ponto de vista, é muito mais fácil ver o que estava bem diante dos olhos o tempo todo. No caso de ainda não haver solucionado o problema, deixe-me tirá-lo dessa agonia. A afirmação trata apenas de tempo e não de matemática. Para torná-la verdadeira, você só precisa acrescentar um tracinho acima do segundo "1", assim transformando o número "10" na palavra "TO":*

$$10 \text{ TO } 11 = 10{:}50$$

Agora a equação significa: "Dez para as onze é o mesmo que dez e cinqüenta." De uma perspectiva, é difícil ver o gorila, enquanto de outra é óbvio encontrá-lo.

Vamos tentar outro problema. Imagine que é seu aniversário e você convidou sete amigos para um chá. Alguém fez a gentileza de lhe dar o bolo de frutas mostrado na ilustração a seguir, e você quer cortá-lo em oito pedaços iguais, para que você e os convidados possam todos se deliciar com uma fatia. Há, porém, um probleminha. Você só tem uma faca, que não é lá muito afiada — na realidade, só cortaria três vezes antes de ficar completamente cega e inutilizável. Logo, eis a questão: é possível cortar o bolo em oito pedaços iguais usando apenas três cortes? Marque os cortes na ilustração seguinte.

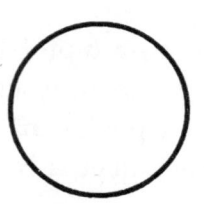

A maioria das pessoas realmente tem dificuldades com este problema. Algumas cortam o bolo ao meio e depois desistem, desesperadas. Outras cortam em quatro partes e depois vêem que a tarefa é impossível. Há quem diga que poderia resolver o

---

*10 to 11 na língua portuguesa significa "10 para as 11". (N. do E.)

problema sugerindo que já era hora de alguns dos amigos começarem uma dieta. Na verdade, a resposta é óbvia quando você observa da perspectiva correta. A ilustração anterior, incentiva-o a dar uma olhada no bolo. Agora olhe a ilustração seguinte. Aí se mostra o bolo numa perspectiva tridimensional, e esta é a chave. Para resolver o problema, simplesmente corte o bolo em quatro partes, e depois faça um corte final horizontal, em vez de vertical (ver a ilustração seguinte, à direita). O gorila se torna óbvio quando você vê o quebra-cabeça da perspectiva correta.

Ser capaz de ver o mundo de diferentes perspectivas muitas vezes exige a capacidade de tolerar a incerteza. Psicólogos elaboraram questionários-padrão para avaliar o grau em que as pessoas se sentem confortáveis com a ambigüidade. Os questionários incluem os seguintes tipos de perguntas:

Faça um círculo em volta de VERDADEIRO ou FALSO em cada uma das seguintes afirmações:

| | | |
|---|---|---|
| Gosto de lidar com problemas que têm respostas precisas. | VERDADEIRO | FALSO |
| Não gosto de quebrar regras. | VERDADEIRO | FALSO |
| Acredito que existe uma clara diferença entre certo e errado. | VERDADEIRO | FALSO |
| A melhor parte de trabalhar em um problema é resolvê-lo. | VERDADEIRO | FALSO |
| Creio que se vê melhor a maioria das situações de uma única perspectiva. | VERDADEIRO | FALSO |

Neste exemplo, quanto mais vezes a pessoa assinalou a palavra "FALSO", maior sua tolerância à ambigüidade. Minha pesquisa revelou que as pessoas que relatam ter mais sorte na vida tendem a assinalar "FALSO" com maior freqüência do que as que não experimentaram essas oportunidades.[5] Isso é uma prova contundente em favor da relação entre o reconhecimento das oportunidades e a capacidade de ver o mundo de várias perspectivas diferentes.

Não se sinta mal se não percebeu que a equação se referia simplesmente à hora, nem que o bolo podia ser cortado horizontalmente. Afinal, até especialistas às vezes não vêem o óbvio. No início do livro, eu falei do mágico de fama mundial Harry Houdini. Além de fazer elefantes desaparecerem, ele também ganhou considerável reputação por ser capaz de escapar de algumas das mais seguras cadeias do mundo. Em geral, conseguia fugir em algumas horas. Numa das ocasiões, porém, foi trancado numa cela e realmente teve dificuldades em arrombar a fechadura. Passavam-se as horas, e ele continuava sem conseguir escapar. Por fim, cansado e exausto, encostou-se na porta da cela. Quando a porta se abriu, Houdini percebeu que fora vítima de suas próprias suposições — os guardas da prisão haviam deixado a porta destrancada e ele gastara horas tentando realizar o impossível: arrombar uma fechadura que já estava aberta. O cérebro de Houdini vira a situação de uma só perspectiva, e por isto não percebeu um gorila que o teria libertado da sala em segundos.

---

"Originalidade é apenas
um par de olhos atentos."

WOODROW WILSON, PRESIDENTE DOS ESTADOS
UNIDOS DA AMÉRICA ENTRE 1913 E 1921

---

Seu cérebro adota determinados pontos de vista por várias razões. Às vezes, isso se deve à maneira como você foi criado. Outras, à situação em que se encontra. Muitas vezes, isso acontece porque você acha um determinado ponto de vista emocionalmente reconfortante. De vez em quando, é porque inúmeras outras pessoas adotaram o mesmo ponto de vista e você não quer ficar de fora. O grande problema é que, assim que seu cérebro entende o mundo de uma maneira, torna-se muito difícil aceitar outra perspectiva. Dê uma olhada na ilustração a seguir. Eu gostaria que usasse uma caneta ou lápis para transformar cada uma dessas caixas num objeto diferente. Assim, por exemplo, você poderia acrescentar algumas linhas a uma das caixas e transformá-la num presente, ou fazer um espelho de outra.

Sua meta é criar um monte de idéias variadas. Não se trata de um teste de suas habilidades artísticas, assim sendo, por favor não gaste tempo demais em cada caixa. Você tem três minutos para completar o maior número de caixas possível.

Muito bem, pode começar.

Como se saiu? A maioria das pessoas acha as caixas iniciais fáceis, mas depois começa a ficar sem idéias com uma rapidez surpreendente. Porque, assim que seu cérebro começa a ver as caixas de determinadas maneiras, torna-se aos poucos mais difícil vê-las de outro jeito. Em média, a maioria das pessoas completa apenas nove caixas em três minutos. Para superar o problema, você tem de estimular seu cérebro a adotar várias perspectivas diferentes. A ser mais aberto e fluido, e a continuar

| | |
|---|---|
| 1 | Imagine uma caixa realmente enorme; agora ela é o quê? |
| 2 | Desenhe uma forma geométrica simples dentro de uma caixa; agora ela é o quê? |
| 3 | Imagine que você é uma criança; como veria a caixa? |
| 4 | Imagine que a caixa é alguma coisa que você encontraria debaixo d'água; agora ela é o quê? |
| 5 | Imagine que a caixa é vermelha; agora ela é o quê? |
| 6 | Imagine que a caixa é parte de um carro; agora ela é o quê? |
| 7 | Imagine que você é um contador; a caixa agora é o quê? |
| 8 | Imagine que a caixa contenha algo explosivo; agora ela é o quê? |
| 9 | Ponha aleatoriamente o dedo numa das palavras relacionadas abaixo. Como você poderia usar esta palavra para criar uma maneira nova e original de ver a caixa?<br><br>Dieta Televisão Iceberg Mosca Cama Navio Anúncio Mão Morro Chaminé Cabelo Coroa Óculos Trem Japão Bebê Argila Urso Violino Pizza Química Cobra Colar Rio Monociclo |
| 10 | Repita o Passo 9, mas escolha uma outra palavra ao acaso. |

torcendo e invertendo o mundo. Não é difícil. Na verdade, é meio como Houdini tentando escapar de sua cela da cadeia — você só precisa encostar-se na porta e sair. Cada uma das dez sugestões da página 45 vai ajudar seu cérebro a ver a caixa de uma nova perspectiva. Tente usá-las para completar algumas de suas caixas vazias e veja o que acontece.

Como se saiu desta vez? Quando as pessoas aplicam as sugestões, muitas vezes acham bem fácil criar várias caixas adicionais. As ilustrações abaixo mostram algumas das mais criativas caixas apresentadas por pessoas ao concluírem esta tarefa.

Homem na prisão · Buraco de rato · Tenda · Sachê de chá

Carta de baralho · Muro · Bandeja · Pessoa no carro

Caneca de café · Canil · Bandeira · Um voto

Filme de 35mm · Envelope · Pirâmide vista de cima · Calculadora

Cama vista de cima · Gato na janela · Campo de futebol · Cômoda

Terra vista do espaço · Bloco de madeira · Minha mente! · Cinema

Perceber o gorila não se limita apenas a mudar de perspectiva. Olhe a ilustração seguinte e imagine que se trata de uma grande caixa de areia. Agora imagine que alguém enterrou nela algum dinheiro. Você só tem uma oportunidade para escavar e encontrar o dinheiro enterrado. Sem pensar demais no problema, ponha um "X" na caixa para indicar onde escavaria. Logo voltaremos à locação que você escolheu.

---

"Não pense que você está no caminho
certo só porque é uma estrada
bem pavimentada."

ANÔNIMO

---

Os seres humanos, como os gorilas, vivem em grupo, e com freqüência muitas pessoas estão tentando descobrir as mesmas oportunidades e resolver os mesmos problemas. Infelizmente, todos temos o mesmo tipo de cérebro, fomos criados mais ou menos do mesmo modo, assistimos aos mesmos filmes e programas de televisão. Devido às nossas mentes coletivas e experiências comuns, todos tendemos a pensar parecido. Por exemplo, no capítulo anterior, eu lhe pedi que escolhesse um número entre 1 e 10. A maioria das pessoas escolhe o número 7.[6] Em exercício anterior, lhe foi pedido que desenhasse uma forma geométrica simples dentro de uma das caixas. A maioria das pessoas desenha um círculo. O que isso tem a ver com a caixa de areia imaginária e o dinheiro enterrado? Bem, quando se trata de procurar oportunidades, todos tendemos a olhar exatamente no mesmo lugar. Pedi a centenas de pessoas que completassem a tarefa da caixa de areia. É interessante que a grande maioria delas tenha decidido escavar na mesma área, um tanto limitada (como mostra a ilustração a seguir). Tudo bem se você for a primeira pessoa a escavar ali, mas se não for, não encontrará o dinheiro porque outras já terão explorado essa área. De fato, você teria uma chance muito maior de ser bem-sucedido destacando-se da multidão e procurando um lugar novo e fora do comum.

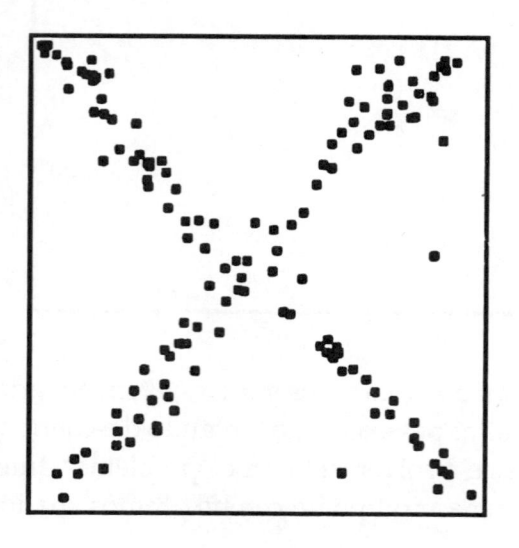

"Sempre lance o anzol no lago onde você menos espera; ali estará o peixe."

OVÍDIO, POETA ROMANO

Sem percebermos, o mesmo tipo de conformidade influencia todo o nosso pensamento e comportamento. Quando as pessoas terminam o exercício das caixas, tendem a apresentar as mesmas idéias repetidas vezes. Mesas. Livros. Aquários. Molduras de quadro. Televisões. Na verdade, é muito raro alguém apresentar alguma coisa verdadeiramente original, ou encontrar uma perspectiva em que ninguém mais pensara até então. O mesmo ocorre com a busca por oportunidades. Quando inúmeras pessoas já analisaram antes um problema, ou estão tentando resolver o mesmo problema neste momento, todas tendem a pensar de maneira igual. Perceber os gorilas requer muitas vezes uma perspectiva original.

Encarar uma situação de modo novo e original ajudou várias pessoas a encontrar gorilas ao longo da história. Por exemplo, em 1784, Benjamin Franklin servia como ministro dos Estados Unidos em Paris e, como várias outras autoridades da época, ficou preocupado com o fato de que os lojistas parisienses eram obrigados a gastar uma fortuna em velas — isso porque, no inverno, as lojas eram abertas às compras nas primeiras horas de escuridão. Existem muitas maneiras pelas quais ele poderia ter abordado o problema. Ele poderia ter sugerido formas mais baratas de fazer velas, ou propor velas mais eficazes que iluminassem mais e tivessem maior duração que as existentes. Mas não o fez. Franklin retirou os antolhos do cérebro, examinou o problema de um ponto de vista totalmente novo e achou o gorila. Após muita consideração, sugeriu

Pense num número entre 1 e 50 que contenha dois dígitos ímpares, mas não os mesmos. Por exemplo, o número poderia ser 15, pois tem dois dígitos ímpares diferentes, mas não poderia ser 11, porque os dígitos são iguais. Psicólogos têm feito esta pergunta a muitas pessoas. A grande maioria escolhe 35 ou 37. Contudo, as pessoas que relatam ter experimentado vários golpes de sorte são diferentes — apresentam opções mais raras, como 17 ou 19. De fato, cerca de 60 por cento das pessoas que não relatam experiência de golpes de sorte tendem a escolher 35 ou 37, comparadas a apenas 40 por cento das que percebem, sim, oportunidades inesperadas. O mesmo padrão surgiu quando apresentei às mesmas pessoas o "exercício de completar as caixas" descrito anteriormente. As que relataram ter vários golpes de sorte concluíram mais caixas, e apresentaram respostas muito mais originais, do que as que não experimentaram essas oportunidades.[7] Tudo isso confirma a idéia de que reconhecer oportunidades inesperadas e soluções simples para problemas complexos envolve a capacidade de ver o mundo de forma nova, fora do comum e original.

que se todo o país alterasse os relógios duas vezes por ano os lojistas poderiam usar muito menos velas, porque seus horários de abertura iriam coincidir com maiores períodos de luz diurna. Vários outros haviam tentado resolver o problema antes de Franklin, mas simplesmente presumiram que não era possível alterar o tempo. Sua sugestão inaugurou o horário de verão — uma idéia que ajudou a poupar imensa quantidade de energia e incontáveis vidas, em todo o mundo.

"Para ter êxito, salte sobre as oportunidades
com a mesma rapidez com que tira
conclusões precipitadas."

BENJAMIN FRANKLIN, ESTADISTA
E CIENTISTA AMERICANO

O mesmo tipo de pensamento também desempenha um papel-chave nos negócios. Em diversas ocasiões, pessoas que conseguiram ver o mundo de uma perspectiva renovada criaram novos produtos e serviços.

"A capacidade nada é sem a oportunidade."

NAPOLEÃO BONAPARTE, COMANDANTE MILITAR E
IMPERADOR DA FRANÇA

Tome-se, por exemplo, a descoberta e o desenvolvimento de um dos mais bem-sucedidos produtos na indústria de papel de todos os tempos. Durante o início da década de 1980, uma equipe de pesquisa trabalhando na 3M tentava criar um adesivo realmente forte. Contudo, nada saiu de acordo com o plano, e em vez disso eles terminaram com uma substância extremamente fraca. Qualquer papel revestido com essa substância tornava-se apenas levemente adesivo, e podia-se facilmente descolá-lo de outras superfícies. A maioria dos pesquisadores teria destinado o produto à lixeira. Afinal, haviam descoberto o exato oposto do que procuravam. Mas um membro da equipe viu a situação de uma nova maneira. Em vez de tentar encontrar uma solução para o problema original, por que não encontrar um problema para a nova solução? Essa idéia simples revirou toda a situação de ponta-cabeça e voltou a atenção da equipe para a busca de uma aplicação para um papel levemente adesivo.

Após pensar na questão por algum tempo, outro membro da equipe foi à igreja e ficou um tanto frustrado quando o pedaço de papel que ele usava como marcador caiu do seu livro de hinos. Ele logo percebeu que se poderia usar o novo adesivo para criar um marcador de livros que fosse aderente o bastante para permanecer no livro, mas não tanto que não se pudesse retirá-lo facilmente. A 3M acabou compreendendo que o novo produto tinha aplicações muito além dos marcadores de livros, e assim começou a produzir pequenos blocos de papel que podiam ser colados e removidos à vontade. Os Post-its® tornaram-se um imenso sucesso, e hoje dezenas de toneladas de produtos semelhantes são vendidos por ano no mundo todo.

> "Sempre que você se vir no lado da maioria, é hora de fazer uma pausa e refletir."
>
> MARK TWAIN, ROMANCISTA AMERICANO

Tudo isso não está relacionado apenas a lojistas parisienses e papel semi-adesivo. Ver o mundo de uma perspectiva original e procurar oportunidades em lugares que outros evitam têm revelado inúmeros gorilas ao longo dos anos. Pense em como alguns empresários na década de 1940 encontraram alguns ranchos no meio do deserto e viram neles oportunidade de criar a indústria de bilhões de dólares que hoje é Las Vegas. Ou em como os irmãos Wright tornaram possível ao homem voar construindo uma aeronave que planava como um condor, em vez de seguir os passos de seus predecessores e tentar copiar o rápido bater de asas de um pardal. Ou em como Charles Darwin transformou o pensamento convencional observando um gorila, percebendo como parecia humano, e criando sua Teoria da Evolução. Perceber o gorila significa observar a mesma situação, problema ou acontecimento de várias perspectivas. Não aceitar o primeiro ponto de vista que surge, mas examinar diferentes maneiras de olhar o que está bem diante de você. Questionar pressuposições e retirar antolhos. Não ficar encurralado pelo contexto, por experiências passadas ou emoções. Examinar a situação de cima a baixo. Para a frente e para trás. Resistir em ser crítico e assim gerar muitas idéias. Buscar outras soluções quando acha que já tem a resposta. Encontrar uma perspectiva que poucos outros adotarão. Incentivar a inovação e a originalidade. Usar uma analogia nova para ver uma situação de maneira nova. Olhar o que outras pessoas não olham. Quebrar as malditas regras ou não sabê-las em primeiro lugar. Ser aleatório e ter olhos atentos. Evitar o centro da caixa de areia e escavar nas bordas.

Acima de tudo, trata-se de ver o mundo pela primeiríssima vez.

## Dicas do Gorila

Mudança de perspectiva é uma poderosa ferramenta na busca pelos gorilas — explore ao máximo as maneiras de olhar uma situação.

**Dica:** Sempre que você tiver um importante problema para resolver, pegue uma folha de papel A4 branca e uma caneta. Agora, cubra cada parte do papel com possíveis soluções de perspectivas diferentes. Valorize a quantidade acima da qualidade, originalidade acima da tradição, e desfrute a sensação de ambigüidade criada por examinar a questão de novos e estimulantes pontos de vista.

**Dica:** Você está achando difícil ver o problema e possíveis soluções de várias perspectivas? Tente empregar algumas destas técnicas:

• Como uma criança, um idiota total, seu melhor amigo, um artista, um contador, um músico e um chef abordariam o problema?

• Pense em duas situações análogas aplicando a regra "é como" (ex.: atrair mais pessoas para a minha empresa *é como* um artista de rua tentar atrair uma multidão). Como fica o problema resolvido nessas situações? Isso ajuda você ver uma nova solução para seu problema?

• Desenhe um diagrama ou use números para expressar seu problema de uma nova maneira.

• Lembre-se como os pesquisadores resolveram a questão da "cola não adesiva" mudando o enfoque do problema. Como você pode mudar o seu problema?

- Examine as soluções que você criou até então — que suposição todas estão fazendo? Pense no impensável questionando essa suposição.
- Pense em resolver o problema fazendo exatamente o oposto de cada solução que você relacionou até então. **Dica:** Quando pensar no que lhe parecer uma solução fantástica, imagine que é impossível implementá-la e bole mais duas idéias.

■ ■ ■

Perceber o gorila envolve virar o mundo de cabeça para baixo e ficar sozinho, em vez de correr com a multidão.

Encontre perspectivas novas e originais.

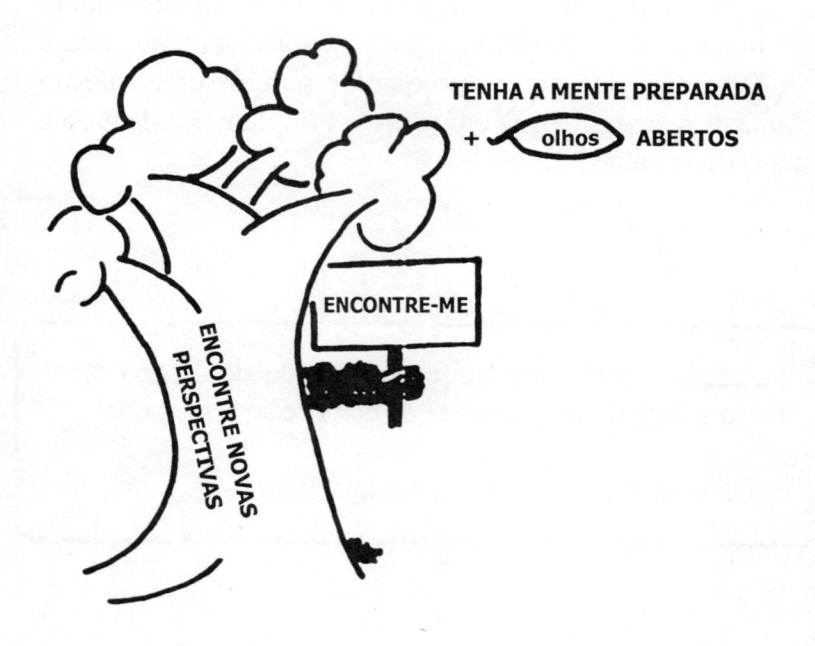

Oliver acabou de escrever no cartaz, virou-se para trás e viu Lucy enfiando rapidamente alguns arquivos na bolsa.

— Oliver, se não se apressar vamos chegar atrasados à reunião.

Ele a olhou, surpreso.

— De que está falando? Ainda faltam dez minutos.

— Eu sei. Mas a reunião é no último andar... longe demais para usar a escada e os elevadores são lentos pra burro aqui, portanto precisamos de algum tempo extra.

— Você tem razão... me esqueci. — Oliver se pôs a pegar papéis na mesa.

Lucy foi até os elevadores e apertou o botão "subir". Minutos depois, Oliver chegou, reclamando.

— Estes elevadores são um saco. Não apenas desperdiçam o tempo das pessoas... também irritam todo mundo, incluindo os clientes. Se eu ganhasse uma libra toda vez que alguém chegasse a uma reunião de mau humor porque..

Lucy interrompeu-o.

— Ei, eu tive uma idéia! Em vez de nos concentrarmos no problema, por que não falamos de possíveis soluções? Vamos usar algumas técnicas de procurar o gorila. Precisamos bolar várias maneiras diferentes de olhar o problema. Eu dou a partida... podíamos mudar de prédio.

— Negativo, isso não vai funcionar... caro demais!

— Não seja crítico, só crie idéias.

Oliver olhou-a, perplexo.

— Mas você está me criticando agora.

— É diferente. Você merece. Ande, vamos tentar outras perspectivas. Podíamos gastar montes de dinheiro instalando outro elevador ou tornando estes mais rápidos. Ou reduzir o número de pessoas que os usam.

— E como diabos vamos fazer isso?

— Oh, não sei. Talvez pudéssemos escalonar a hora em que as pessoas chegam e saem para trabalhar. Ou instalar os departamentos menores nos andares superiores, para que menos pessoas tenham de subir até lá. Ou fazer com que elas usem mais a escada, pagando-lhes ou doando dinheiro para caridade por cada degrau que sobem. Ou promover o bom condicionamento físico dos funcionários na empresa, pendurando cartazes que destaquem os benefícios cardiovasculares de usar a escada e a quantidade de calorias queimadas por andar.

Oliver de repente pareceu animado.

— Acho que agora eu saquei! "Uma ginástica entre cada andar." Ou, você conhece Eric Heaven,* que trabalha na contabilidade... podíamos mudá-lo para o último andar e afixar um cartaz dizendo: "Tome a escada para o céu."

Uma súbita campainha anunciou a chegada do elevador, e Lucy e Oliver logo entraram.

— Já sei — disse Oliver. — Podíamos tornar esta campainha ainda mais irritante, para que as pessoas realmente não queiram tomar o elevador.

Plim! O elevador chegou ao quarto andar.

Lucy riu.

— Ou então podíamos fazer com que o elevador só parasse nos andares pares, e aí as pessoas só teriam de subir no máximo um lance de escada.

Outra campainha anunciou a chegada deles ao oitavo andar.

— Ou — respondeu Oliver — podíamos ter um elevador lento para pessoas que não estão com pressa e gostariam de conversar com outras na empresa. Eu sempre achei que deviam fazer isso com as filas de supermercado. Na verdade,

---

* *Heaven* em língua portuguesa significa "céu". *(N do T.)*

outro dia eu estava pensando... todos nós nos comunicamos tanto por e-mail atualmente que perdemos aqueles encontros casuais que aconteciam quando as pessoas de fato andavam pelo prédio. É, acho que esta é a melhor maneira de promover isso.

— Cuidado. Não devemos cair na armadilha de achar que já temos a melhor perspectiva do problema... vamos continuar em frente, com mais idéias.

Lucy e Oliver se entreolharam sem idéias. "Bing." A campainha. As portas do elevador se abriram no último andar e os dois saíram.

— Aqui estamos... desta vez pareceu muito mais rápido que o normal — disse Lucy. — Acho que ficamos tão ocupados conversando sobre como acelerar o elevador que esta subida foi muito mais rápida.

— É isso aí! — exclamou Oliver. — Não precisamos mudar nada. Só temos de dar às pessoas algo para fazer enquanto esperam o elevador chegar ou enquanto estão nele. Poderíamos pôr um espelho do lado de fora, para checarem sua aparência. Ou instalar um aparelho de TV em cada andar. Ou ter uma bela obra de arte para apreciarem. Ou pendurar alguns anúncios sobre nossas novas linhas de produtos. Ou ter um quadro de avisos dentro do elevador. Qualquer coisa para manter o pessoal ocupado e interessado.

— Sabe, pra quem era cético em relação a tudo isso, você está ficando surpreendentemente bom em achar o gorila.

# CAPÍTULO TRÊS

# Senso de humor

"Não paramos de brincar porque
ficamos velhos. Ficamos velhos
porque paramos de brincar."
*Anônimo*

Ao exibir o filme do gorila, às vezes peço às pessoas que simplesmente contem o número de passes da bola de basquete. Em outras, apresento-lhes as mesmas instruções, mas utilizo várias técnicas para deixá-las sob um pouco mais de pressão. Por exemplo, digo-lhes que contar os passes da bola de basquete é ao mesmo tempo importante e difícil. Ou digo que o filme será usado para testar a capacidade de observação de homens *versus* mulheres. Ou que se trata de uma competição entre um lado da sala e o outro. Ou gerentes contra empregados. Sejam quais forem as palavras, os resultados são sempre os mesmos — quando estão sob a mínima pressão, mais pessoas deixam de perceber o gorila.

Por quê? Bem, quando sua mente está sob estresse, concentra a atenção numa minúscula área, em vez de recuar e ver o todo. A ansiedade em ver o que se julga importante faz com que se esqueça de olhar em volta e, ao fazer isso, muitas vezes deixa-se de ver os gorilas passando. De fato, às vezes até as soluções mais óbvias podem literalmente passar direto sobre as cabeças das pessoas. Há vários anos eu trabalhava como mágico profissional, e um dos meus truques preferidos ilustra o modo brilhante da relação entre pressão, atenção e gorilas que não foram percebidos. O truque, em geral, é apresentado diante de uma platéia pequena. Convida-se um voluntário ao palco e pede-se que se sente numa cadeira voltada para a platéia. O mágico fica de pé, junto ao voluntário sentado, e amassa um guardanapo de papel até formar uma bola. Depois pede ao voluntário que olhe atentamente. O sujeito normalmente fica bastante tenso, porque se vê de repente sentado diante de um monte de pessoas e com seu poder de observação posto sob o microscópio. O mágico põe com todo cuidado a bola em seu próprio punho fechado e pede ao voluntário para imaginar que a bola desapareceu. Quando o mágico abre a mão, o voluntário assombra-se ao descobrir que a bola de fato desapareceu. O público também fica boquiaberto. Mas não com o desaparecimento da bola. Ficam pasmos com a reação do voluntário. Por quê? Porque todo mundo na platéia viu exatamente como o truque foi feito, mas se espanta com o fato de que o voluntário não tenha notado o que aconteceu. O segredo é simples. Quando o mágico fingiu pôr a bola em seu punho fechado, simplesmente lançou-a com um peteleco direto por cima da cabeça do voluntário. A platéia viu a bola voar e cair no chão atrás do voluntário. Como ele estava concentrado nas mãos do mágico, não viu nada. A platéia tinha uma visão mais abrangente e viu exatamente o que aconteceu.

Mas por que tendemos a ficar concentrados quando estamos estressados? Mais uma vez, tudo está relacionado ao modo como seu cérebro funciona. Se você pudesse abrir seu crânio e olhasse dentro, veria um cérebro de duas metades. Um hemisfério esquerdo e um hemisfério direito. Embora essas duas partes pareçam idênticas e funcionem juntas quase todo tempo, têm maneiras muito diferentes de ver o mundo. Os neuropsicólogos criaram uma forma muito simples de demonstrar as visões contrastantes dos dois hemisférios.[8] Dê uma olhada na ilustração seguinte. Primeiro, concentre-se nas letras "T" dentro do desenho. Agora, recue um passo e olhe para o "H" maior. Neurologistas monitoraram a atividade cerebral de pessoas enquanto olhavam as letras. Quando você concentrava a atenção nas letras "T", seu hemisfério esquerdo estava especialmente ativo. Contudo, quando você recuou um passo e viu o "H", seu hemisfério direito entrou em ação. O hemisfério esquerdo é sério,

Durante os últimos dez anos estudei por que algumas pessoas têm regularmente sorte e outras azar. Num estudo, dei-lhes um jornal e pedi que o olhassem até o fim e me dissessem quantas fotografias havia nele.

O que eu não lhes disse era que no meio do jornal eu pusera uma inesperada oportunidade. Esta "oportunidade" ocupava metade da página e anunciava, em tipos enormes: "Ganhe 100 libras dizendo ao pesquisador que você viu isto."

As pessoas azaradas tenderam a ficar tão concentradas na contagem de fotografias que não notaram a oportunidade. Em contraposição, as sortudas, mais relaxadas, viram a imagem maior e assim localizaram uma chance de ganhar 100 libras. Esta é uma demonstração simples mas persuasiva de como as pessoas "sortudas" podem criar sua boa sorte sendo boas em achar os gorilas.

analítico, objetivo e sistemático. O hemisfério direito tem uma perspectiva maior e curte uma boa risada. Agindo de modo relaxado e descontraído, você pode utilizar o hemisfério direito e assim aumentar a probabilidade de ter uma perspectiva maior.

```
TTT                TTT
TTT                TTT
TTT                TTT
TTT                TTT
TTTTTTTTTTTTTTT
TTTTTTTTTTTTTTT
TTT                TTT
TTT                TTT
TTT                TTT
TTT                TTT
```

Tensão e pressão, porém, não apenas fazem com que seu cérebro não tenha uma perspectiva maior. A tensão também prejudica a capacidade de ver o mundo de maneiras novas e originais. Isso é fácil de demonstrar. Num dos testes, pedi às pessoas que completassem o exercício das caixas descrito no capítulo anterior em duas situações bastante diferentes. Na primeira situação, eu lhes disse que tinham três minutos para completar o maior número possível de caixas. Na segunda, todos receberam a instrução de que tinham apenas um minuto. Nas duas situações, todos foram parados após apenas um minuto.

Apesar de terem a mesma duração de tempo, os resultados que produziram foram radicalmente diferentes. As ilustrações seguintes são típicas dos desenhos feitos no teste.

Este conjunto de caixas foi produzido pelo grupo informado de que tinha um minuto:

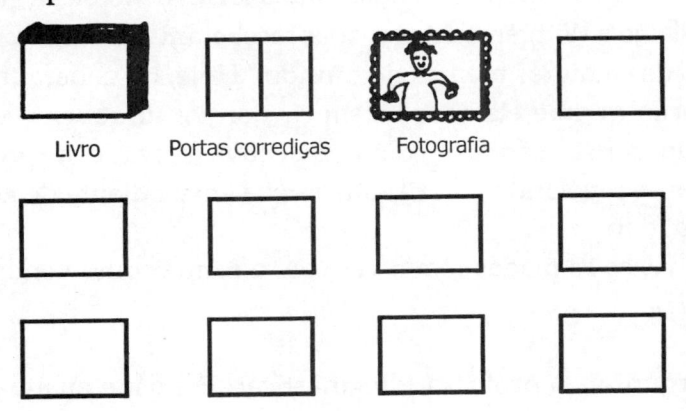

E estas foram produzidas pelo grupo informado de que tinha três minutos:

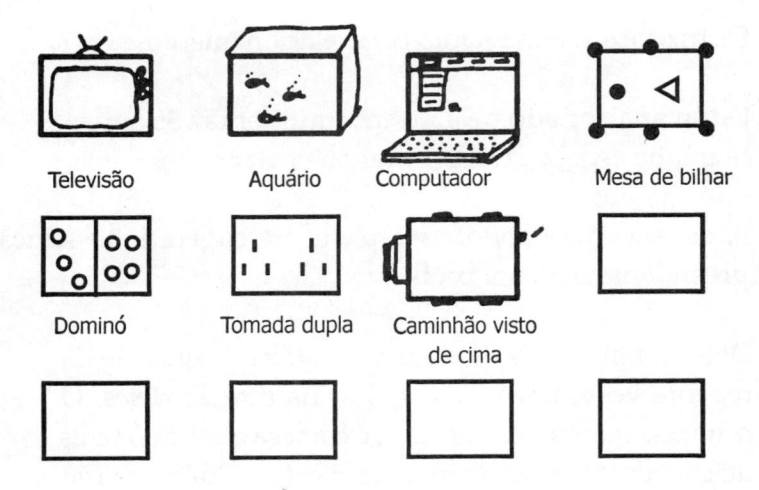

A pressão faz as pessoas produzirem um número menor de idéias, menos variadas e pouco originais.

Pode-se exemplificar facilmente a relação entre brincadeira e perspectiva com algumas piadas infames. De Aristóteles a Freud e de Platão a Wittgenstein as piadas receberam séria atenção de várias das maiores mentes do mundo.[9] Hoje, há generalizada aceitação de que elas nos fazem rir porque de repente confrontam nossos cérebros com perspectivas novas e surpreendentes — revelando o gorila que estava em pé diante de nós o tempo todo.

Às vezes as piadas têm a ver com a forma como vemos as palavras:

Perguntei ao professor de ginástica: "Pode me ensinar a fazer spagati?"
Ele disse: "Até onde você é flexível?"
Eu respondi: "Não posso às terças-feiras."

Outras vezes, têm relação com relacionamentos:

Estou apaixonado pela mesma mulher faz 55 anos... se minha esposa descobrir, vai me matar.

E, de vez em quando, uma piada até sugere uma solução surpreendente para um problema:

Dois meninos estão passeando na floresta quando de repente vêem um urso disparar na direção deles. O primeiro menino tira as botas e começa a calçar o tênis de corrida. O segundo menino ri e diz: "Pra que o trabalho de trocar as botas, você não consegue correr mais que um urso." O primeiro menino responde: "Eu não tenho de correr mais que o urso, só tenho de correr mais que você."

A idéia é simples — normalmente nosso cérebro impõe barreiras entre idéias, categorias e conceitos. Ficar relaxado e descontraído, porém, ajuda na associação de idéias distantes. Você passa a ver situações de perspectivas diferentes. Você cria. Você vê o inesperado.

---

"Humor é o súbito casamento de idéias que, antes da união, não eram vistas como tendo qualquer relação."

MARK TWAIN, ROMANCISTA AMERICANO

---

É hora de alguns quebra-cabeças inusitados — com imagens de palavras meio estranhas, mas divertidas. Por exemplo:

VOCÊ SÓ EU

representa a expressão "só entre você e eu". Agora que tem a idéia geral, tente estes quatro:

ESPÍRITO
MATÉRIA

L | E | R

TEMPO EM SE-GUN-DOS

Só para o caso de você ainda não tê-los resolvido, as respostas são "espírito acima da matéria", "ler nas entrelinhas" e "o tempo passa em frações de segundos". Esses tipos de quebra-cabeças têm sido utilizados por psicólogos para estudar o impacto de dar uma folga na busca pelo gorila.[10] Em vários exercícios experimentais, apresentou-se aos voluntários uma série desses quebra-cabeças, e pediu-se que tentassem resolver, na medida do possível, a maioria. Depois eles tiveram 15 minutos para relaxar, após os quais lhes foram mostrados os quebra-cabeças que não conseguiram resolver da primeira rodada e pediu-se que tentassem mais uma vez. Surpreendentemente, os voluntários agora conseguiam resolver cerca de um terço dos quebra-cabeças que os haviam derrotado alguns minutos antes. Eles não estiveram trabalhando conscientemente nos problemas enquanto relaxavam, mas o simples fato de afastar-se da questão e voltar um momento depois ajudou-os a ver os quebra-cabeças de um modo novo e útil.

Ao longo da minha pesquisa, pedia às pessoas que avaliassem até que ponto concordavam ou discordavam da afirmação: "Eu tendo a adotar uma atitude relaxada e divertida em relação à vida." Os que relataram passar por um grande número de inesperadas oportunidades de sorte concordaram muito mais com a afirmação do que os que não tiveram tantas chances. Também, só por diversão, eu lhes perguntava em que medida achavam esta piada engraçada:

Um cachorro entra numa agência dos Correios e Telégrafos e diz: "Oi, eu gostaria de mandar a seguinte mensagem: 'Au-au. Au-au. Au-au. Au-au. Au-au. Au-au. Au-au. Au-au. Au-au.'"

O funcionário educadamente responde: "Sabia que pode mandar mais um Au-au pelo mesmo preço?"

O cachorro parece confuso e diz: "Não seja tolo, isso não teria sentido."

As pessoas mais sortudas acharam a piada muito mais divertida que as demais.[11] Tudo isso enfatiza o importante papel que um estado de espírito bem-humorado desempenha quando se trata de perceber boas chances.

Ter senso de humor, relaxar e tirar uma folga libera-nos da pressão. Ganhamos uma visão mais ampla. Exploramos e imaginamos. Brincamos com a perspectiva e nos tornamos originais. Nos divertimos. Resultado? Os gorilas ouvem a risada e aparecem para participar da festa. Mentes relaxadas e alegres atraíram gorilas durante toda a História. Lembra a ilusão do "elefante desaparecido", que você viu no início do livro? A idéia por trás do truque foi originalmente inventada no século XVII, como um modo de entreter os cortesãos durante discursos chatos. Em vez de fazer um elefante desaparecer, empregava-se a mesma técnica para dar aos cortesãos entediados a impressão de que a cabeça do orador desaparecia. Para realizar essa versão da ilusão, eles fechavam furtivamente o olho esquerdo e concentravam-se num ponto à esquerda do orador com o olho direito. Se as condições fossem corretas, a cabeça do orador parecia desaparecer completamente. E isso não tem apenas a ver com o desaparecimento dos "cabeças" do Estado.

A mesma idéia também foi responsável pelo que talvez seja a maior invenção de todo o Renascimento. No século XV, os livros eram produzidos com uma técnica vagarosa e trabalhosa, que envolvia chapas de madeira esculpidas, chapas cobertas de tinta e a compressão de cada folha de papel sobre elas. Johannes Gutenberg quis revolucionar a imprensa criando uma técnica mais eficaz para a produção de livros em massa. Pensara no problema durante um longo tempo, e já chegara à idéia dos tipos móveis, mas não conseguia encontrar uma maneira eficiente de prensar o papel nos tipos. Ao visitar um festival que comemorava a colheita de vinho, reparou que se utilizava uma prensa de vinho para retirar o suco das uvas, e compreendeu que a mesma idéia poderia ser aplicada para prensar o papel em sua nova fôrma de tipos. *Voilà!* Nascia a prensa tipográfica. E tudo porque Gutenberg tirou um tempo de folga do trabalho e visitou um festival de vinho.

Os livros de história mostram que o mesmo tipo de atitude brincalhona também ajudou a perceber-se gorilas em empresas e indústrias. Tome-se, por exemplo, a descoberta do náilon. Quando as meias de náilon foram disponibilizadas pela primeira vez ao público, tornaram-se um sucesso imediato, com cerca de quatro milhões de pares vendidos em questão de horas. Além disso, a descoberta desse admirável material preparou o caminho para vários outros produtos relacionados, incluindo microfilme, fita audiocassete e discos compactos. Mas o que desempenhou um papel crucial na descoberta do náilon? Diversão. A Du Pont empregara um dos principais químicos orgânicos do mundo para conceber um modo de criar materiais sintéticos que tivessem as mesmas propriedades da seda. Infelizmente, os materiais resultantes simplesmente não se igualaram à resistência e à aparência da seda natural. Desestimulada, a equipe de pesquisa resolveu levantar o ânimo com uma competição para descobrir até onde eles podiam esticar alguns dos materiais recém-criados. Pegaram uma colher de sopa de uma das substâncias novas, prenderam uma das pontas numa haste de vidro e começaram a puxar. O material revelou-se surpreendentemente elástico e impressionou todo mundo por estender-se até o outro lado do laboratório. Mais importante, quando esticada ao extremo, a substância de repente parecia mudar de estrutura e adquirir uma aparência excelente, sedosa. Essa observação simples e totalmente inesperada desencadeou uma série de eventos que resultou na criação do náilon. Alguns cientistas brincaram no trabalho, viram um gorila e mudaram o mundo.

E como foi inventado o famoso disco plástico, Frisbee? Bem, um estudante empreendedor, da Universidade de Yale, certa vez decidiu se divertir lançando para um amigo um prato de torta descartável — da empresa de comestíveis Frisbee Baking Company, de Bridgeport —, virando o prato de cabeça para baixo. Os dois notaram no mesmo instante que a forma aerodinâmica do disco tornava-o incrivelmente estável na trajetória de distâncias relativamente longas. Talvez ainda mais importante, também notaram que lançar o disco um para o outro era muito divertido. A idéia logo pegou, e hoje centenas de milhares de discos Frisbee são vendidos por ano em todo o mundo. Tudo porque dois estudantes decidiram brincar um pouco com um prato de torta de cabeça para baixo.

Ao longo dos últimos anos, psicólogos trabalharam arduamente criando um teste fora do comum para avaliar o "Quociente de Diversão" (QD) das pessoas. Seu trabalho resultou num teste diferente, mas eficaz. Para realizá-lo você só precisa de seu cérebro, uma moeda e uma caneta. Olhe a ilustração a seguir e faça um círculo num dos números entre 5 e 20. Não tenha pressa na escolha. O número que você escolher vai desempenhar um papel importante no teste. Simplesmente olhe os números e assinale com um círculo o que capta seu olhar ou parece exercer em você algum tipo de atração intuitiva.

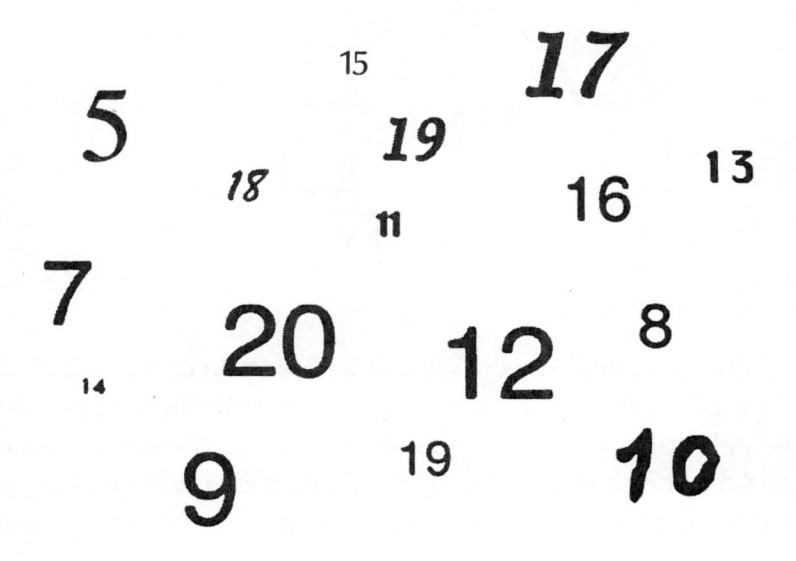

Em seguida, você vai usar o número que escolheu para medir seu nível de QD. O procedimento é simples mas estranho, e envolve um diagrama como o mostrado a seguir. O verdadeiro diagrama usaremos algumas páginas adiante (não olhe ainda). Este primeiro diagrama será usado somente para ilustrar o processo de dois estágios envolvido no teste.

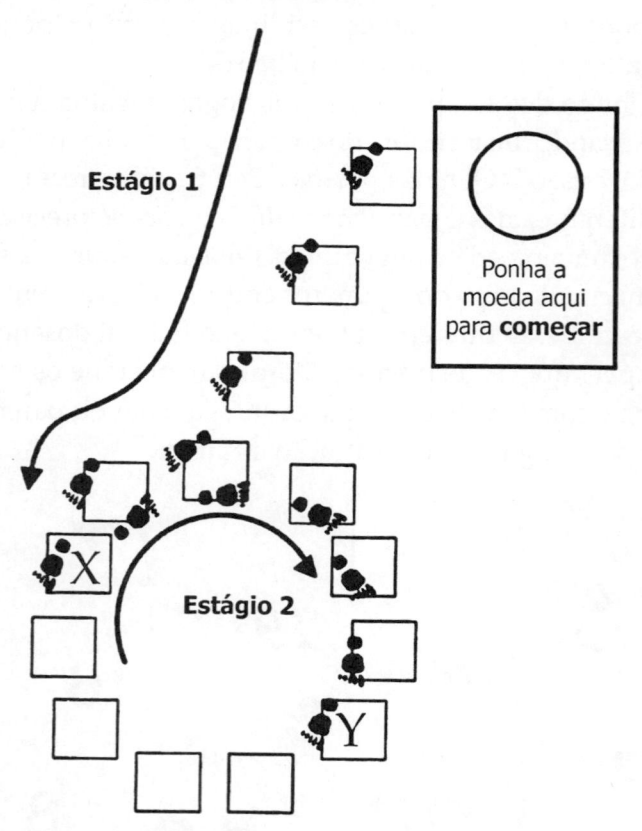

Primeiro, você deverá colocar a moeda na caixa assinalada "começar"; depois, contar o número que escolheu, movendo-se pela trilha de caixas (quando chegar ao círculo de caixas, mova-se no sentido anti-horário). Vamos imaginar que um gorila fictício vai testar o próprio QD. Escolhe o número 6 e assim pára na caixa assinalada com um "X". Segundo, você precisará contar de novo o mesmo número, agora no sentido horário, em volta do círculo de caixas, até parar em uma delas. Neste exemplo, o gorila imaginário contou seis caixas na volta e assim parou na caixa assinalada com um "Y".

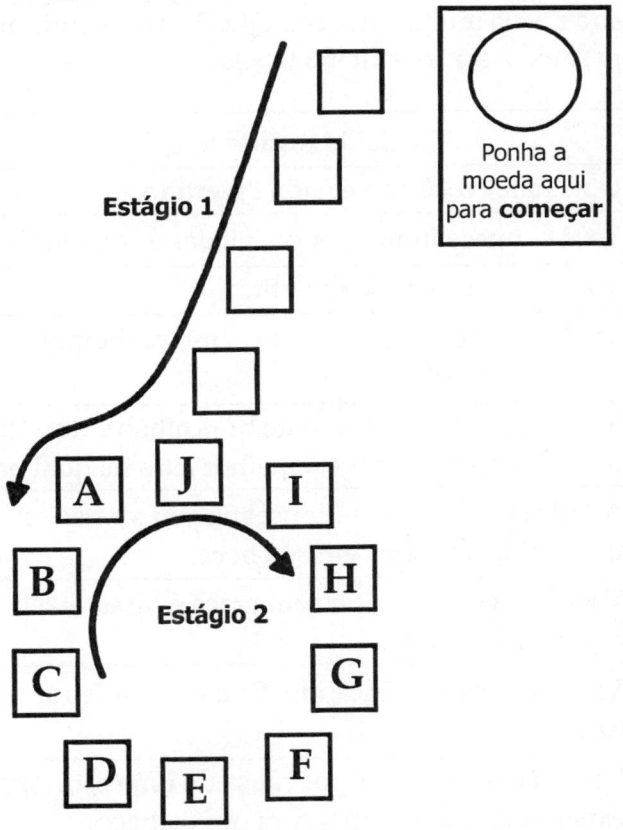

Agora que você entendeu as instruções, é hora do verdadeiro teste. Ponha por favor a moeda no círculo, no alto do diagrama. Em seguida, mova a moeda pelas caixas, e gire-a no sentido anti-horário em volta do círculo de caixas, contando o número que escolheu no caminho. Depois mova de volta a moeda no sentido horário, contando mais uma vez o seu número.

Sua moeda agora estará cobrindo uma letra. Escreva por favor esta letra na linha abaixo.

_____

A letra revela muito sobre seu QD. Para descobrir mais sobre você mesmo, basta consultar a tabela.

| Tabela de resultado QD | |
|---|---|
| A | Um chato, você não é nada divertido. |
| B | Você conhece muito poucas piadas engraçadas. |
| C | Você não gosta de se divertir. |
| D | Você raras vezes ri e tem um senso de humor abaixo da média. |
| E | Seu cérebro é incrivelmente brincalhão e tem alto nível de QD. Esta é de longe a melhor letra na qual parar. |
| F | A única maneira de se conseguir um sorriso seu é pôr um cabide de roupa em sua boca. |
| G | Você não gosta de ficar sem graça e raras vezes aceita uma piada. |
| H | Você deve estar brincando. Esta é a pior letra na qual parar. |
| I | Você não gosta de rir por causa de uma estranha experiência na infância, com um palhaço. |
| J | As pessoas que param nesta letra tendem a ser meio estranhas. Estou certo em achar que você tem um monte de sonhos com peixe? |
| K | Não existe o item "K", como é que você parou aí? |

Como você a essa altura já deve ter sacado, este não é um teste sério de QD. Ao contrário, baseia-se num princípio matemático simples e um tanto curioso, que garante que todo o mundo pare na letra "E". Desculpem-me por isso. O interessante é que assim que as pessoas são classificadas com um QD alto, muitas vezes relutam em explorar meios alternativos de encarar o teste. Contudo, se as pessoas lêem errado as instruções e assim terminam tendo uma classificação não muito positiva, estudam o teste detalhadamente e logo percebem o que está ocorrendo. Este é um grande exemplo de como ver o que queremos ver nos torna relutantes em explorar meios alternativos de encarar uma situação. Mas chega dessa seriedade. O principal objetivo do teste é fazê-lo rir. Espero que você o mostre a outros e que eles também riam.

A parte mais importante do falso teste de QD é o modo como você reage a ele; os que acham o processo divertido têm, de fato, senso de humor e um estado de espírito brincalhão. E quando se trata de ver gorilas, isso é tão vital quanto prazeroso.

## Dicas do Gorila

Quando você age com seriedade demais, seu cérebro fica reprimido. Perceber o gorila é fazer seu hemisfério direito entrar em ação dando um passo atrás, relaxando e se divertindo um pouco.

**Dica:** Passe algum tempo afastado dos detalhes. Recue e use longas pinceladas para pintar um grande painel. Pense em como tudo se encaixa, qual o sentido e o objetivo dos acontecimentos.

**Dica:** Para ajudar a relaxar, tire uma folga de 15 minutos, deite-se na grama e simplesmente olhe as nuvens se dispersarem, respire fundo, marque uma massagem, programe-se para sair numa caminhada tranqüila no fim de semana, acalme-se e lembre-se de manter tudo em perspectiva.

**Dica:** Force em sorriso no seu rosto (ou, não conseguindo, force outra pessoa a sorrir), assista a um filme que o faça rir (experimente Danny Kaye em *O bobo da corte*), peça a um colega para fazer o teste do Quociente de Diversão (mas não lhe diga que o resultado é fixo), tente incorporar as palavras "torta" e "queijo" à sua próxima reunião ou telefonema sem rir, altere digitalmente uma fotografia de um colega para que ele ou ela pareça mais uma coruja, imagine como seria passar o resto do dia vestindo a fantasia de um grande animal peludo.

■■■

Ser brincalhão e se divertir ajuda as pessoas a perceberem gorilas ao enxergarem as situações mais amplamente, adotando novas perspectivas e sendo original.

Seja seriamente brincalhão.

Lucy entrou apressada no escritório e sentou-se à sua mesa.

— Bom dia, Oliver, como você está nesta linda manhã de segunda-feira?

— Estou muito bem. E você?

— Ótima. Então, o que há na agenda para hoje?

Oliver deu olhada em sua agenda.

— Bem, primeiro temos a reunião de sugestões para a conferência de vendas do mês que vem. Esta é a primeira e única oportunidade para que nossos vendedores regionais se encontrem, e temos de propor idéias para ajudar a quebrar o gelo.

— Ah, é mesmo. Eu lembrava que isso estava para acontecer e ninguém teve idéia alguma. Bom. Só uma pergunta rápida... por que você está com uma máscara de palhaço enfiada debaixo do braço?

Oliver pareceu meio sem graça.

— Eu estava me perguntando se você teria notado. No fim de semana li um trecho do livro sobre ser brincalhão, por isso comprei a máscara numa loja de fantasias. Achei que poderia ajudar na reunião de hoje.

Lucy ergueu uma sobrancelha e riu.

— Então vai fazer um número de palhaço para ajudar as coisas a progredirem... Grande idéia.

— Não, só achei que a reunião poderia ser mais produtiva se eu injetasse alguma diversão com a máscara e umas piadas que baixei da Internet.

— Na verdade acho que não era a isso que o livro se referia ao mencionar que se deve ser mais brincalhão — disse Lucy, parecendo meio preocupada.

Oliver levantou-se, pôs a máscara e olhou para seu bloco.

— Agora quem está sendo cético? Escute, como você sabe se tem um elefante escondido na sua geladeira? Chegando ao outro lado. Não, espera aí, a resposta está errada.

Lucy riu e de repente parou.

— Na verdade você me deu uma idéia. O pessoal de vendas realmente gosta de piadas... Que tal a gente dar a todos na conferência um cartão com a primeira frase ou o desfecho de uma piada? Depois, eles vão ter de circular pela sala conversando uns com os outros até encontrar a pessoa com a outra metade de sua piada.

— Com certeza isso vai quebrar o gelo. E também várias das combinações erradas vão ser estranhas e engraçadas. Além disso, vai passar a mensagem de que a empresa está aberta a novas idéias e originalidade, e podemos usar a parte de trás dos cartões para informação sobre metas de vendas. E também fazer com que as pessoas de diferentes regiões se entrosem. Você está certa — é uma grande idéia. Vamos sugeri-la na reunião.

Oliver conferiu a hora no relógio e levantou-se.

— É melhor a gente ir.

— É, mas antes de irmos para a reunião acho que você devia tirar a máscara, para não fazer papel de palhaço.

# CAPÍTULO QUATRO

# Hora de acordar

"Os peixes são os últimos
a reconhecerem a água."

*Anônimo*

Daqui a pouco eu vou dizer o nome de um objeto comum, dar-lhe um desenho parcialmente pronto do objeto e pedir-lhe que o complete. Como o objeto é muito comum, seria razoavelmente fácil para você identificá-lo e, portanto, dar sua resposta corretamente. Contudo isso não tem a ver com a sua habilidade de encontrar objetos do dia-a-dia nem com seus talentos artísticos, mas com a maneira como seu cérebro muitas vezes deixa de notar detalhes que não sejam apenas óbvios, mas também muito familiares. Por isso, simplesmente complete o desenho com base em sua memória e não copiando o objeto. Não deve ser muito difícil. Na verdade, você já viu esse objeto várias vezes em sua vida.

O objeto é o mostrador de um relógio com algarismos romanos. A ilustração seguinte exibe o mostrador de um relógio parcialmente pronto — só faltam os números 1, 4 e 10. Por favor, preencha de memória os números que faltam.

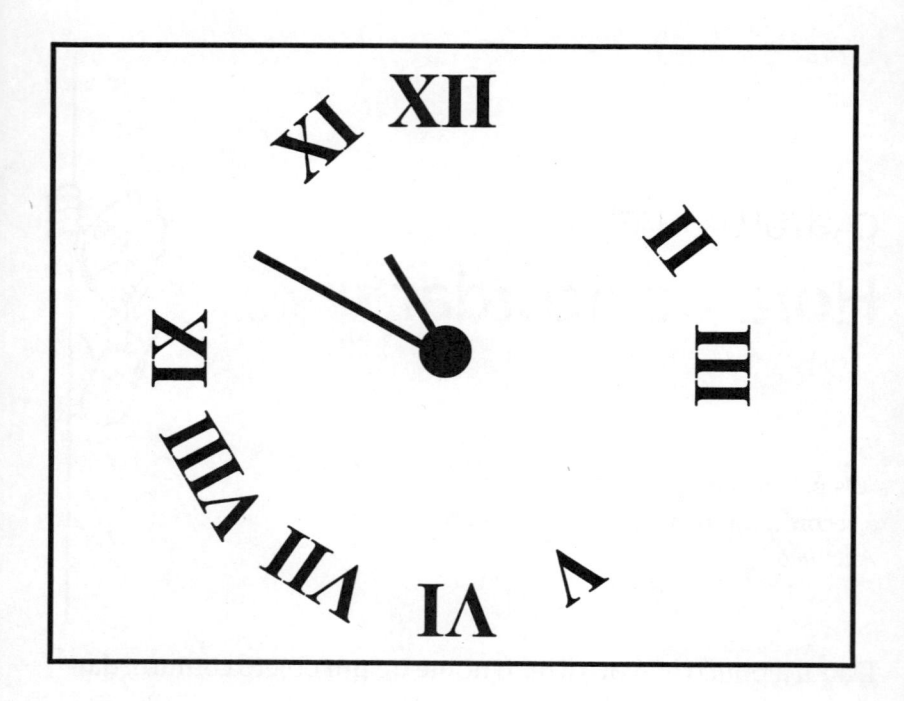

Como se saiu? Para descobrir, dê uma olhada na ilustração da página 105. O importante é ver como você representou o número 4. Nos algarismos romanos, o número 4 é sempre representado como "IV". Contudo, em quase todos os mostradores dos relógios de pulso e de parede (com exceção do Big Ben em Londres) o número é representado como "IIII". Apesar de ver esses tipos peculiares de mostradores de relógio várias vezes na sua vida, incluindo quando olhou na pista para o quebra-cabeça no Capítulo Dois, você realmente não viu nem se lembrou do que está bem diante dos seus olhos.

Vamos tentar outro exemplo. Desta vez eu gostaria que você pensasse num objeto que já viu centenas de milhares de vezes. Na realidade, você o viu alguns momentos atrás, quando avaliou seu Quociente de Diversão. O objeto é uma moeda de dez centavos. Mais uma vez, sem olhar para a moeda, tente responder à pergunta: de quem é a imagem representada numa das faces? De D. Pedro I, proclamando a independência do Brasil.

Não se sinta mal se não se saiu muito bem com o relógio e a moeda. Psicólogos pediram a centenas de pessoas que completassem essas tarefas e a grande maioria não acertou.[12] Em alguns testes, apresentaram-lhes o mostrador de um relógio com algarismos romanos e pediram-lhes que copiassem o mais exato possível. O impressionante é que mesmo com o relógio na frente delas, várias pessoas ainda tenderam a representar o número 4 como IV, em vez de IIII.

Por que isso? Afinal, você terá visto moedas e relógios muitas, muitas vezes na vida. Bem, o problema é exatamente este. Seu cérebro é programado para detectar mudanças. Assim que um objeto se torna familiar, seu cérebro simplesmente não se dá o trabalho de prestar atenção no que está bem diante de você. Assim como você não presta atenção em sua própria moeda, cédula ou selo, porque os vê todos os dias; contudo, quando viaja para um país estrangeiro, tenderá a olhá-los com mais atenção, porque são novos e diferentes. Isso é facilmente demonstrado. Imagine, por exemplo, que você acabou de voar para Gâmbia e se deparou pela primeira vez com o selo postal do país, reproduzido na ilustração a seguir. No mesmo instante, você vai perceber o gorila.

O conceito é simples. Quando você se depara com qualquer coisa repetidas vezes, seu cérebro tende a desligar-se. Não é que ele não veja o relógio e a moeda. É óbvio que sim, do contrário você nunca saberia quanto dinheiro tinha no bolso nem que horas eram. Mais exatamente, ele não examina com cuidado o que vê. Seu cérebro reage a mudanças, e o relógio e a moeda são exatamente os mesmos todos os dias de sua vida. Em conseqüência, seu cérebro aciona o do piloto automático. Deixa de pensar e passa a supor. Torna-se robotizado, e você desatento.

---

"Detalhes do que é mais importantes para nós ficam ocultos por sua simplicidade e familiaridade."

LUDWIG WITTGENSTEIN, FILÓSOFO AUSTRÍACO

---

O mesmo princípio se aplica a todas os outros campos da vida. Encontre as mesmas pessoas, da mesma maneira, dia após dia, e sua interação com elas se tornará desatenta e mecânica. Resolva os mesmos problemas exatamente do mesmo modo, e logo você irá parar de pensar no que está realizando e se tornará simplesmente uma máquina. Dirija o carro para o trabalho ao longo da mesma rota todo dia, e não se lembrará mais de todo o trajeto. Mais uma vez, não se sinta mal se alguma dessas coisas lhe acontece. Trata-se apenas de uma conseqüência natural do modo como seu cérebro funciona. Na verdade, isso acontece com todos, até com os mais capazes. William James, um dos patriarcas da psicologia moderna, fez o famoso relato da noite em que foi até o andar de cima trocar de roupa antes de receber alguns convidados para jantar, mas, desatentamente, seguiu sua rotina habitual — despiu-se, pôs o pijama e deitou-se na cama. Em que ele trabalhava na época? Sim, você adivinhou; no modo como os cérebros das pessoas às vezes se tornam automatizados e "não-pensantes".

Essa questão é fundamental para se perceber o gorila. Por quê? Porque quando seu cérebro opera em modo de espera, muitas vezes deixa de ver oportunidades que se encontram bem diante dos seus olhos. Dê uma olhada na ilustração seguinte. Este simples mapa de rua foi usado por psicólogos que realizaram algumas das primeiras pesquisas sobre o relacionamento entre desatenção e a capacidade de perceber oportunidades.[13] Pediu-se a voluntários que olhassem o mapa e desenhassem a rota mais curta do início ao fim. Como vê, uma rua diagonal corta um dos quarteirões, mas a direção da diagonal não vai ajudá-lo a terminar mais rápido. Voluntários estudaram o mapa e quase todos assinalaram vários caminhos usando as ruas horizontais e verticais.

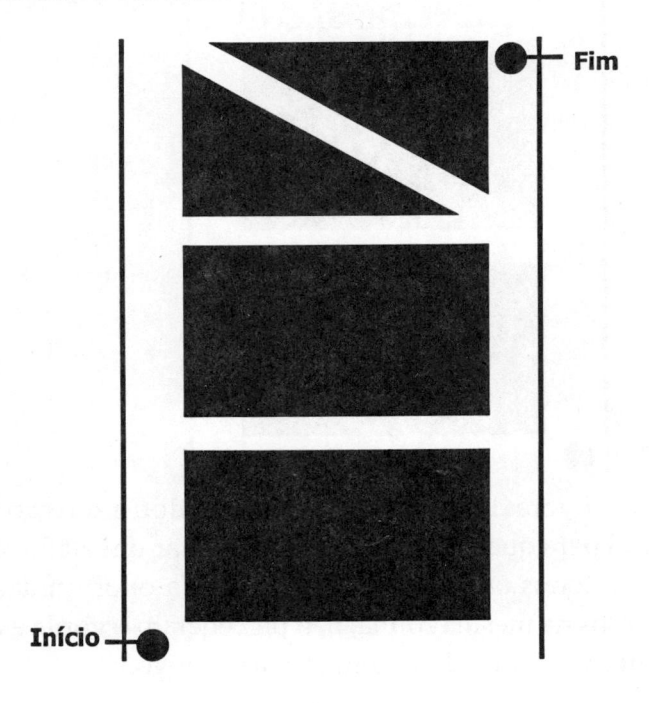

Foi-lhes apresentado então outro mapa, muito semelhante, e pediu-se que completassem mais uma vez a tarefa. O procedimento foi repetido dez vezes. Logo os voluntários se tornavam desconcentrados e automatizados. Seus cérebros entravam em letargia e, do mesmo modo que as pessoas passam para o piloto automático quando fazem o mesmo trajeto todo dia para trabalhar, eles também não viram o que estava bem diante de si. Como sabemos disso? Porque, após apresentar aos voluntários muitos mapas de rua bastante semelhantes, os pesquisadores fizeram algo ardiloso. Apresentaram-lhes o mapa seguinte.

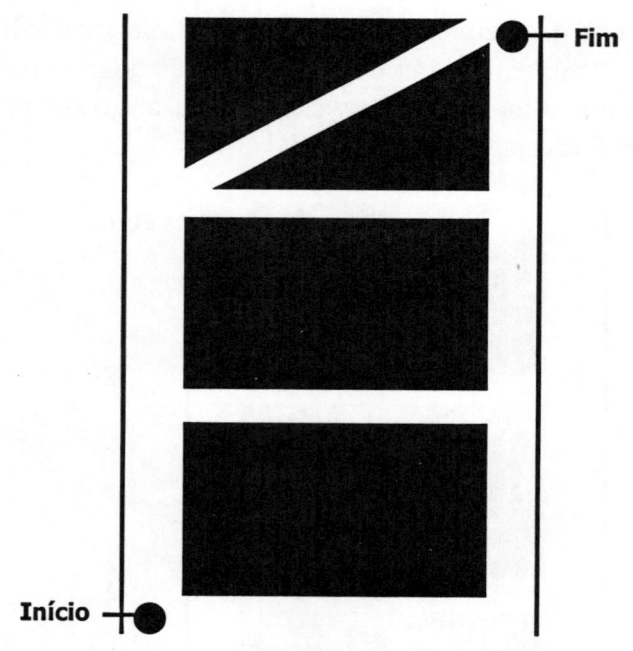

Este mapa difere dos outros porque se mudou a direção da rua diagonal para que agora seja possível tomar um atalho até o fim. Quase todos os voluntários perderam a oportunidade. Ficaram presos na mesma rotina, não perceberam o gorila e assim continuaram tomando o caminho mais longo.

O problema da desatenção afeta vários aspectos de nossa vida cotidiana. Tome-se, por exemplo, os estudantes de física aos quais se pediu para medir a altura de um grande hotel usando apenas um barômetro. Como haviam encontrado diversos desses problemas anteriormente, a grande maioria resolveu a questão de modo desatento, rotineiro e bastante conhecido. Explicaram que seria possível medir a pressão do ar no nível do chão, subir até o topo do hotel e fazer uma segunda medição, e depois usar uma fórmula complexa para calcular a altura com base na diferença entre as duas medições. Só um dos estudantes acordou e percebeu que havia outra forma de resolver o problema. Sugeriu simplesmente ir até o porteiro do hotel e propor dar-lhe o barômetro em troca de o homem informar a altura do hotel.

---

**"Se você continuar fazendo as coisas como sempre as fez, vai obter apenas o que já obteve."**

ANÔNIMO

---

Psicólogos passaram a cada vez mais se interessar pelo conceito de "conscientização" — a capacidade de prestar atenção no presente em vez de pensar e agir de modo automático. Ao longo dos anos, desenvolveram questionários para avaliar essa capacidade. Minha pesquisa mostra que as pessoas que encontram um número maior de oportunidades fazem muito mais pontos nesses questionários de "conscientização" do que as demais, sugerindo que é mais fácil encontrar gorilas se você vive o presente e presta cuidadosa atenção ao seu redor.[14]

Essa capacidade de ver além do óbvio pode desempenhar um papel vital nos negócios. Com freqüência, organizações e indivíduos numa empresa não questionam procedimentos de rotina. Em vez disso, continuam fazendo as mesmas coisas da mesma e velha maneira, quase sempre perdendo oportunidades óbvias ao agirem assim. Pense, por exemplo, em como Henry Ford conseguiu encontrar um meio inédito de reduzir custos durante a produção de seu novo carro Modelo T. Ford insistiu que seus fornecedores entregassem produtos na sua fábrica de Michigan em engradados de madeira com um determinado tamanho. Chegou a pedir-lhes que perfurassem os orifícios para os parafusos que prendiam cada engradado em lugares cuidadosamente especificados. Os fornecedores imaginaram que ele era um milionário excêntrico, ou que os caixotes iam ser postos em alguma esteira transportadora que só funcionava com certo tipo de engradados. Vários meses depois, uma revista popular publicou o verdadeiro motivo da insistência. Quando os engradados chegavam, os operários da Ford retiravam os produtos, desmontavam as caixas e usavam os sarrafos para o piso do novo modelo de carro. Ford percebeu que era possível adaptar um processo bastante rotineiro e familiar, e transformá-lo numa nova e econômica oportunidade.

Assim, como se pode evitar o problema de desatenção? Como você pode tirar seu cérebro do piloto automático e instigá-lo a ver gorilas? Há duas possibilidades.

___

"O mundo não vai perecer por falta
de maravilhas, mas por falta
de quem se maravilhe."

J. B. S. HALDANE, CIENTISTA BRITÂNICO

Você pode dar a partida em seu cérebro com curiosidade, sempre que encontrar algo surpreendente e fora do comum. Dê uma olhada na ilustração a seguir. Neste momento, seu cérebro verá uma imagem de cabeça para baixo da ex-primeira-ministra britânica Margaret Thatcher. Você já viu muitos rostos de cabeça para baixo antes, e por isso não prestou atenção. É hora de despertar. Vire o livro ao contrário e olhe novamente a imagem.

O rosto agora é completamente diferente.

Neste momento, você tem uma opção. Poderia tratar a ilusão como algo que não se encaixa em sua compreensão do mundo e simplesmente ignorá-la. Ou deixar a ilusão criar um senso de curiosidade que desperte sua atenção. Se optou pela primeira atitude, pule por favor para o início do parágrafo seguinte. Se optou pela segunda, talvez esteja interessado em saber que a ilusão foi criada por psicólogos que realizavam uma pesquisa sobre percepção facial.[15] Ao longo dos anos, seu cérebro foi preparado para ver rostos normais — isto é, rostos não alterados digitalmente para que os olhos e as bocas ficassem invertidos. Em conseqüência, quando o rosto está de cabeça para baixo, seu cérebro vê o que espera ver em vez do que está realmente diante de você. O interessante é que a ilusão também ilustra vários dos outros temas já discutidos neste livro. Por exemplo, a ilusão também tem a ver com o poder da perspectiva. O rosto parece ser de um jeito quando visto de uma perspectiva, e completamente diferente de outra. Além disso, o uso do rosto de Margaret Thatcher não é por acaso; um rosto conhecido visto de um modo desconhecido nos faz rir mais do que um rosto desconhecido visto de um modo desconhecido.

E a famosa ilusão do "elefante desaparecido" que você efetuou logo no início do livro? Esta ilusão foi projetada como toque de despertar para seu cérebro. Você usa os olhos o tempo todo, e por isso ver é um processo muito conhecido. Mas o desaparecimento do elefante apresentou ao seu cérebro uma experiência fora do comum e deixou-o curioso sobre o mundo. A explicação da ilusão também ajuda a promover a curiosidade, porque simplesmente revela como seus olhos na verdade são surpreendentes. A luz entra no olho e chega à retina, no fundo do globo ocular. Sua retina contém mais de 130 milhões de células que instantaneamente enviam informações a cerca de um milhão de fibras do nervo óptico, que ligam o globo ocular ao cérebro. Todas essas fibras saem do globo ocular por um orifício de alguns milímetros de largura, chamado disco óptico. Como não há células receptoras nessa região, o orifício forma um ponto cego. Contudo, seu cérebro constantemente preenche esse ponto cego usando informações circunvizinhas. Na ilusão do elefante, você fez o animal cair no centro do seu ponto cego. Seu cérebro, percebendo o espaço vazio acima e abaixo do ponto que faltava, decidiu que provavelmente não havia nada ali, e criou uma imagem em que o elefante não estava mais presente. E a falsa avaliação de QD descrita no capítulo anterior? Como expliquei então, o teste emprega um princípio matemático simples, mas um tanto curioso, que resulta sempre na mesma letra. Quando descobriu o que de fato acontecera, você tentou compreender o que havia por trás dessa idéia surpreendente ou apenas passou ao largo? O mesmo se aplica à demonstração envolvendo o mostrador do relógio com algarismos romanos, descrito no início deste capítulo. Quando as pessoas participam da demonstração, algumas delas logo tentam descobrir por que o número 4 é sempre representado como "IIII", enquanto outras simplesmente deixam esse fenômeno curioso passar por elas sem pensar duas vezes.

A opção é sua, mas a mensagem é simples — sempre que você encontrar algo surpreendente e curioso, perceberá mais gorilas se investigar, em vez de ignorar.

Cientistas têm estudado a psicologia da curiosidade durante mais de um século. No decorrer desse período, criaram uma imensa variedade de testes para avaliar o grau de curiosidade das pessoas sobre o mundo. Minha pesquisa mostrou que aqueles que experimentam mais sorte e oportunidades têm contagens de pontos muito mais altas nesses testes do que os demais.[16] Por que motivo e o que isso significa? Perceber gorilas é acompanhar eventos e experiências que parecem fora do comum e surpreendentes. É perguntar "por quê?" em vez de seguir em frente. Pessoas que são curiosas estão o tempo todo buscando o novo e o extraordinário, e assim têm muito mais golpes de sorte e oportunidades que outras.

Mas há outro meio pelo qual você pode despertar seu cérebro: tirando-o do piloto automático, fazendo-o olhar uma
experiência do dia-a-dia de uma maneira nova. Como? Abaste-
cendo-o com informações interessantes e inéditas. Tome-se, por
exemplo, o teclado do computador. Você terá visto esses tecla-
dos várias vezes na vida.

---

"Não sou especialmente inteligente nem
especialmente dotado. Sou apenas muitíssimo
curioso."

ALBERT EINSTEIN, FÍSICO E MATEMÁTICO

---

De fato, talvez haja um bem em frente a você neste exato momento. Agora é hora de fazer-se uma pergunta óbvia, que o
ajudará a ver esse objeto conhecido de uma nova maneira. Por
que se distribuem as teclas da forma que estão? Na verdade, o
teclado foi projetado em fins de 1800, para datilógrafos. A tecnologia da época não conseguia dar conta da velocidade com a qual
os datilógrafos às vezes batiam nas teclas, e com muita freqüência eles teclavam mais de uma ao mesmo tempo, travando-as. Os
projetistas propuseram uma solução surpreendente. Em vez de
gastar uma fortuna tentando melhorar a tecnologia, simplesmente
criaram um teclado onde a combinação mais comum de letras
(como "ch" e "um") fosse espalhada uniformemente em todo o
teclado, diminuindo assim a velocidade dos datilógrafos. Também quiseram criar uma disposição que permitisse mesmo àqueles
que não sabiam datilografar usá-lo para impressionar os clientes.
Como fizeram isso? Pondo as letras necessárias para escrever a
palavra typewriter* na fileira de cima, facilitando para o pessoal
de vendas a datilografia bem rápida dessa palavra e, com isso,

---

*Typewriter na língua portuguesa significa datilógrafo. (N. do T.)

chamando a atenção de clientes potenciais. De posse dessas novas informações, você vai olhar o teclado de seu computador sob uma nova luz. As mesmas idéias também se aplicam a nosso comportamento cotidiano. Quando realizamos a mesma tarefa repetidas vezes, de modo rotineiro, quase sempre entramos num tipo de desatenção. Para dar a partida no seu cérebro, faça-o simplesmente acreditar que está vendo o mundo pela primeira vez. Há inúmeros meios de se fazer isso. Num teste experimental, psicólogos incentivaram vendedores altamente experientes a abordar cada cliente como se fosse uma pessoa totalmente nova.[17] Isto é, pediu-se a eles que não se lançassem no discurso de vendas habitual e rotineiro, mas transformassem essa experiência muito familiar numa coisa nova e criativa a cada vez. Solicitou-se aos clientes que avaliassem os vendedores em vários aspectos; os resultados foram admiráveis. Abandonar a atitude automática resultou numa nova visão sobre os vendedores — considerados carismáticos, instruídos e persuasivos. Essa idéia simples e objetiva despertou os vendedores e estimulou-os a ver cada cliente como uma oportunidade única.

---

"Quanto menos rotina, mais vida."

AMOS BRONSON ALCOTT, PEDAGOGO AMERICANO E
REFORMADOR SOCIAL

---

Todas essas questões e exercícios tornam seu cérebro ativo e fazem-no olhar experiências e objetos conhecidos de maneira diferente. Essa idéia simples já fez muita gente perceber o óbvio. Por exemplo, no início da década de 1950, George deMestral saiu para um passeio a pé em sua nativa Suíça. Quando voltou para casa, notou que tinha a roupa coberta de minúsculos carrapichos. Muitas pessoas passaram exatamente pela mesma experiência ao longo dos anos. Era uma visão bastante comum. George, porém, foi mais curioso que a maioria. Em vez de apenas ficar ali, removendo um por um, ele perguntou "por quê?". Quis saber por que grudaram em sua roupa. Uma observação atenta logo revelou a causa do problema — os carrapichos eram cobertos de minúsculos espinhos em forma de ganchos, que aderiam facilmente à trama do tecido. Esse simples momento desencadeou o pensamento de deMestral. Ele se perguntou se a mesma idéia poderia ser usada para prender outras superfícies umas às outras. A idéia acabou resultando no design e produção do Velcro, material usado numa gama incrivelmente variada de produtos, desde roupas esportivas a sapatos infantis, esteiras para bagagens, acessórios para viagens espaciais.

Perceber o gorila se resume a estimular seu cérebro a mudar do comportamento automático para o atento. Ser curioso e questionador. Notar o inesperado e querer saber por quê. Transformar o comum no extraordinário. Usar o "por quê" apenas por perguntar. É perceber cada momento como se jamais tivesse acontecido antes. Viver no presente como se jamais tivesse visto qualquer coisa. Trata-se de quebrar a rotina, mudar hábitos e ambientes. Fazer coisas que você nunca fez.

Acima de tudo, é despertar seu cérebro.

Oliver sentou-se à mesa do bar e virou-se para James.

## Dicas do Gorila

Quando o mundo se torna familiar demais, seu cérebro aciona o "piloto automático" e pára de pensar e notar. É quando se pode perder oportunidades. Estimule sua mente e passe para o piloto manual. **Dica:** Olhe atentamente um objeto muito familiar. Talvez seu carro. Ou a cadeira em que está sentado neste momento. Ou a caneta em seu bolso. Ou a mesa na qual tem trabalhado há anos. Seja qual for o objeto, olhe-o atentamente. Veja a textura e a cor. Examine-o nos mínimos detalhes. Repare em alguma coisa que você nunca notou antes. Neste momento você está vendo e não supondo. Perceba a sensação. Faça este exercício sempre que se perceber agindo de modo automático.

**Dica:** Para instigar uma curiosidade, faça-se uma pergunta interessante toda semana. Pode ser qualquer coisa. Talvez uma questão relacionada ao seu trabalho ou interesses pessoais. Talvez apenas algo que você sempre quis saber. A pergunta pode desencadear um fato interessante, ou uma experiência fora do comum, ou despertá-lo das reações automáticas. Como os elefantes se comunicam separados por centenas de quilômetros? Por que as pessoas riem? Por que as bananas são amarelas? Como sue cérbro é cupaz de entneder sesa farse ebmora apeans a pirmeira e a útlima lertas de cdaa palarva etsjeam crroetas? Invista algum tempo e energia tentando descobrir possíveis respostas à questão, simplesmente por descobrir.

**Dica:** Pense em alguém com quem você trabalhou durante anos e escreva duas palavras para descrever essa pessoa. Estas são as principais categorias que seu cérebro usa para classificá-la. Agora crie meios alternativos de vê-la. Pense nas características físicas dela, em seus passatempos e interesses, em como se relaciona com os demais, seus sonhos e ambições, e nos diferentes papéis que desempenha em sua vida. De fato, qualquer coisa que o estimule a vê-la mais uma vez como um indivíduo.

■ ■ ■

Seja curioso. Pergunte por quê? Examine o inesperado. Saia do piloto automático, tornando cada e todo momento o primeiro do gênero.

Seja amplamente receptivo e curioso.

— Então, como anda a vida no depósito?

— Difícil, no momento. Basicamente, precisamos ter condições de registrar as mercadorias que entram e saem, mas lá é muito frio e poeirento, por isso nossos computadores portáteis vivem pifando.

— Huum... não parece nada bom... O que vocês estão fazendo a respeito?

James pegou um lápis e começou a desenhar num descanso de cerveja.

— O mesmo que fazemos sempre... pedindo a consultores que proponham soluções. A primeira idéia deles foi encontrar um meio de embalar os computadores numa espécie de caixa hermética como esta, mas a caixa logo ficou suja e era quase impossível enxergar o visor e operar o aparelho.

Oliver olhou o diagrama e se pôs a pensar, enquanto James continuava:

— Depois, chamamos uma nova equipe para dar uma segunda olhada. Eles apresentaram a idéia de criar uma espécie de sala itinerante, limpa como esta, e deslocá-la pelo depósito com nosso pessoal dentro, mas isso simplesmente era impraticável.

— Eu imagino. Sabe, talvez a gente esteja deixando de ver o óbvio.

— Como assim?

— Bem, tratamos a questão com as mesmas estratégias que funcionavam antes, empregamos consultores e lançamos montes de tecnologia ao problema.

— Me desculpe, mas ainda não entendi aonde você quer chegar — disse James, pondo de volta o lápis no bolso.

Oliver sorriu.

— Bem, a zorra aqui é enorme, não? Fumaça demais e cerveja na mesa, por isso você não traria seu laptop, certo?

— Certo.

— Então você preferiu, em vez dele, usar um lápis... Por que não faz as pessoas usarem um lápis no depósito e depois transferirem seus dados para um computador, numa sala vizinha. O lápis vai ser muito eficaz, funciona em quase todos os ambientes e não exige treinamento algum para ser usado, não pifa e não tem importância se a gente o deixa cair no chão.

James retirou o lápis do bolso e olhou-o como se nunca houvesse visto um antes.

# CONCLUSÃO
# É uma selva lá fora

"Pequenas oportunidades são muitas vezes
o início de grandes empreendimentos."
*Demóstenes, orador ateniense*

E assim chegamos quase ao fim de nossa jornada juntos. Antes de nos despedirmos, ainda resta tempo para um pensamento final. Calcula-se que, hoje, haja apenas 650 gorilas vivos no mundo. Com o tempo, eles se tornaram cada vez mais raros, à medida que seus habitats e espécimes eram, e continuam sendo, sistematicamente destruídos. E o mesmo ocorre com o tipo de gorila que estive descrevendo em todo este livro.

O mundo agora é um lugar mais dinâmico e está sob mais pressão do que nunca esteve antes. No entanto, as pessoas são incentivadas a pensar e agir da mesma maneira de sempre. A olhar e ver usando as mesmas categorias e interpretações. A conformar-se em vez de divergir. A ater-se ao caminho reto em vez de explorar a estrada menos percorrida. A voar no piloto automático. A aceitar em vez de questionar. Em conseqüência disso, passou a ser ainda mais importante descobrir gorilas. Desenvolver mentes que divaguem longe. Ver o mundo de forma nova e original. Enxergar de uma perspectiva abrangente, agindo de modo descontraído e relaxado. Tratar cada momento como se fosse o primeiro e único. Ser curioso e assim transformar o comum no extraordinário.

Perceber gorilas já mudou o mundo, e tem o potencial para revolucionar ainda mais o curso da História e a nossa vida cotidiana. Pode inspirar teorias científicas surpreendentes e intuitivas, produzir invenções e tecnologia que nos permitam viver mais tempo e melhor do que nunca, criar produtos e serviços campeões de vendas, ajudar pessoas a estabelecer novos relacionamentos e aprimorar os existentes, e revelar novos meios de nos enxergarmos e enxergarmos os outros. É tão perigoso e radical quanto estimulante e necessário. Espero que tenha gostado da viagem e percebido alguns gorilas interessantes ao longo do caminho. Agora que o safári chegou ao fim, é hora de voltar ao mundo real.

Minha esperança é que ele nunca mais pareça o mesmo.

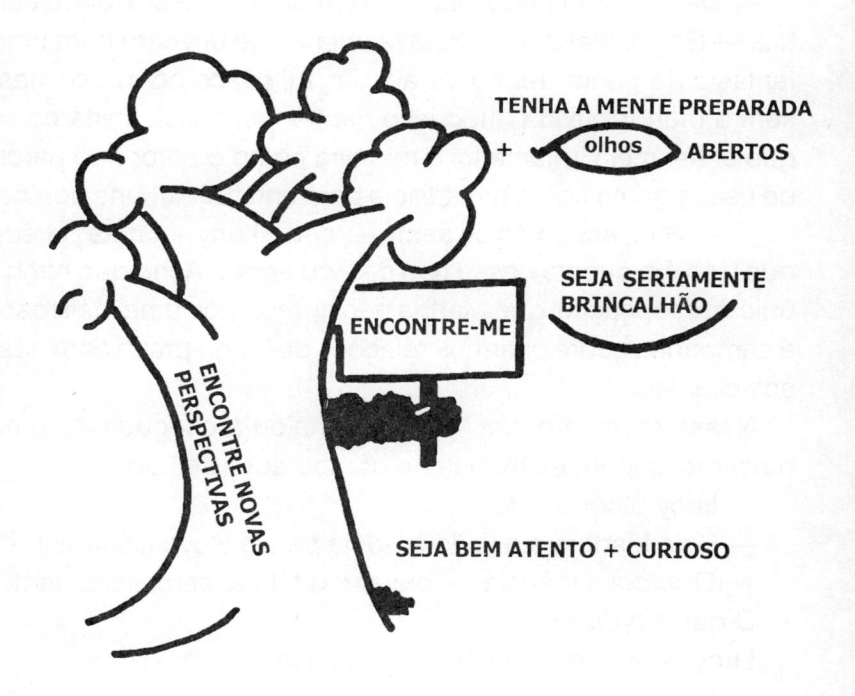

TENHA A MENTE PREPARADA
+ olhos ABERTOS

SEJA SERIAMENTE
BRINCALHÃO

ENCONTRE-ME

ENCONTRE NOVAS
PERSPECTIVAS

SEJA BEM ATENTO + CURIOSO

— Uau! — exclamou Oliver ao terminar de escrever no cartaz. — E eu achei que se tratava apenas de um cara com uma fantasia de gorila. Tenho de admitir, fui cético no início, mas, sem a menor dúvida, tudo isso me fez pensar. A única coisa que achei meio irritante foi a maneira como o autor não parou de usar a gente como um artifício para enfatizar alguns pontos.

— Sim, sei como se sente — disse Lucy —, mas parece que isso é o quente nesse tipo de livro agora. Acho que minha única decepção foi que Martha não apresentou uma idéia para a campanha sobre criarmos relações de longo prazo com nossos clientes.

Nesse momento, um "plim" assinalou a chegada de uma nova mensagem eletrônica no computador de Lucy.

Lucy olhou a tela.

— É da Martha, e o título é "Idéia para a Nova Campanha".

— Que coincidência — observou Oliver sarcasticamente.

— O que ela diz?

Lucy abriu o e-mail e leu em voz alta.

Para: Lucy Kanzi
De: Martha Washoe
Assunto: Idéia para a Nova Campanha

Oi, Lucy,

Eu só queria lhe contar a emocionante novidade. Você lembra que me sugeriu tirar uma folga de tentar resolver o problema da campanha, mas manter os olhos abertos para novas oportunidades e ver o que aconteceria? Bem, segui seu conselho. No fim de semana, levei meu caçula à nova galeria de arte que acabou de abrir no centro da cidade.

Havia uma fantástica exposição sobre arte anamórfica. Basicamente, durante séculos, artistas plásticos têm escondido imagens em desenhos esticando-as ao comprido — parecem realmente muito estranhas até você fechar um olho e olhar ao longo do papel, então de repente a imagem salta na nossa cara. Essas imagens foram muitas vezes usadas para enviar mensagens secretas ou ocultar desenhos eróticos. Para lhe mostrar como funciona, anexei uma de Carlos I, desenhada no século XVII. Em todo o caso, enquanto circulava pela exposição, tive de repente uma idéia incrível para a campanha. Podíamos pedir à equipe de design para criar desenhos anamórficos de alguns de nossos clientes mais antigos e fiéis, publicá-los em anúncios de jornais compridos, finos, com a legenda: "Quando se trata dos nossos clientes, adotamos uma visão ampla." Poderíamos acrescentar uma frase sobre a pessoa na imagem, junto com algum texto explicando que os clientes nos acham atraentes porque sempre estivemos aqui, mesmo quando os tempos eram difíceis. E também, a coisa toda vai mostrar que somos criativos, dispostos a ser diferentes, e que realmente nos preocupamos com nossos clientes, pois os tratamos como indivíduos e fazemos deles o foco de nossos anúncios. Poderíamos publicar o mesmo tipo de imagens em nossos catálogos e até pôr versões maiores em cartazes. As imagens vão atrair de verdade o olhar, porque vão parecer estranhas. E mais, as pessoas adoram mostrar quebra-cabeças umas às outras, assim temos uma boa chance de alcançar um público muito maior do que o normal.

De qualquer modo, eu apresentei a idéia numa reunião hoje de manhã e todo mundo aqui adorou. Estou muito animada com tudo isso!

Tudo de bom para você,
Martha

— Perfeito — disse Oliver. — Bem, verdade seja dita, nós conseguimos mesmo descobrir alguns gorilas, e isso, sem a menor dúvida, fez diferença. Muito mais pessoas estão sorrindo desde que resolvemos o problema do elevador. Economizamos um monte de dinheiro e frustração no depósito. Todo mundo que foi à conferência de vendas se divertiu à beça conhecendo os outros e se comunicando. E agora Martha surgiu com uma idéia realmente maravilhosa para a campanha publicitária.

Lucy e Oliver ergueram as canecas de café e viraram-se para o cartaz e o quadro de avisos feitos por eles.

— A nós e à nossa admirável capacidade de perceber gorilas... — brindou Lucy.

— E a todos os gorilas que estão lá fora, agora mesmo, só esperando serem descobertos.

Quando as canecas tilintaram, um suave "plim" anunciou a chegada de uma nova mensagem.

Oliver se voltou para olhar a tela do computador.

— É uma segunda mensagem de Martha.

Oliver e Lucy abriram a mensagem, pareceram confusos por alguns momentos e então desataram a rir.

# EU VI O GORILA!

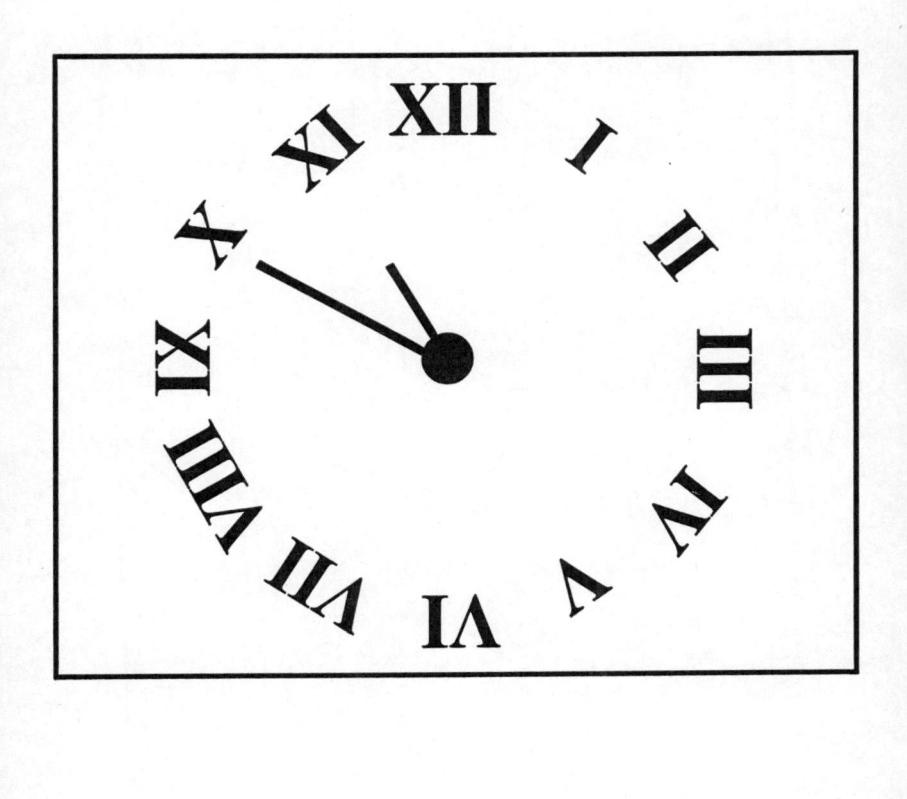

# Notas

**1.** Essa obra é descrita em Simons, D. J. & Chabris, C. F. (1999), "Gorilas in our midst: sustained inattentional blindness for dynamic events". *Perception*, *28*, 1059-1074. Um DVD contendo o videoclipe acha-se disponível em: www.viscog.com. Imagem reproduzida com permissão da Pion Limited, Londres.

**2.** Ver Seifert, C. M., Meyer, D. E., Davidson, N., Patalano, A. L. & Yaniv, I. (2002), "Demystification of Cognitive Insight: Opportunistic Assimilation and the Prepared-Mind Perspective". Em R. J. Sternberg e J. E. Davidson (Eds.) *The Nature of Insight*, Cambridge, Massachusetts: MIT Press, pp. 65-124.

**3.** Mair, N. R. F. (1970). *Problem solving and creativity*. Belmont, CA: Brooks/Cole.

**4.** Pediu-se aos participantes que respondessem às duas questões seguintes numa escala de cinco pontos, de 1 (concordo totalmente) a 5 (discordo totalmente): "Se você trabalhou num problema durante algum tempo, mas fez pouco progresso, tende a parar de quebrar tanto a cabeça e esperar que uma solução ou oportunidade se apresente por si mesma?" e "Eu tive vários golpes de sorte em minha vida". O coeficiente Rho de Spearman, sistema de correlação ordenada em pontos, foi estatisticamente significativo, indicando que os participantes que tenderam a relatar mais golpes de sorte em suas vidas eram mais descontraídos que os demais. Para informação adicional sobre este conceito, ver *O fator sorte*, de Richard Wiseman (Record, 2003).

5. Os participantes foram solicitados a responder às duas questões seguintes numa escala de cinco pontos de 1 (concordo totalmente) a 5 (discordo totalmente): "Eu tendo a perceber oportunidades que escapam aos outros" e "Tive vários golpes de sorte na vida". Além disso, pediu-se aos participantes que completassem o AT-20, um famoso teste que avalia a tolerância à ambigüidade. Os coeficientes Rho de Spearman tanto nas perguntas iniciais quanto no AT-20 foram estatisticamente significativos, indicando que os participantes que tenderam a relatar mais experiências de sorte eram mais tolerantes à ambigüidade que os demais. Para informação adicional sobre este conceito, ver: Furnham, A. & Ribchester, T. (1995), "Tolerance of Ambiguity: A review of the concept, its measurement and applications". *Current Psychology*, 14 (3), 179-199.

6. Quando pesquisadores pediram a aproximadamente 200 pessoas que dissessem um número entre 1 e 10, apenas pouco mais de 30 por cento escolheram o número 7. Para mais informação sobre este trabalho, e outros tipos de pensamento estereotipado, ver: Marks, D. & Kammann, R. (2003). *The Psychology of the Psychic*. Amherst, Buffalo: Prometheus Press.

7. Os participantes foram solicitados a classificar a afirmação: "Eu tive vários golpes de sorte em minha vida" numa escala de cinco pontos, de 1 (concordo totalmente) a 5 (discordo totalmente). Depois se apresentou a eles a questão de "escolher um dígito". Com base em suas respostas à questão inicial, dividiram-se os participantes em dois grupos. Os participantes (N = 59) que assinalaram a opção de "concordo totalmente" ou "concordo" foram colocados num grupo "alto", enquanto todos os outros participantes (N = 39) num grupo "baixo." Os participantes que deram uma resposta de "35" ou "37" à questão de "escolha um dígito" foram classificados como respondendo de forma

"estereotipada", enquanto todos os outros foram classificados como respondendo de forma "não estereotipada". Uma análise Chi-Squared revelou uma relação fraca, mas significativa em termos estatísticos, entre as duas variáveis, com o grupo "alto" dando mais respostas "não estereotipadas" que o grupo "baixo". Além disso, os participantes foram solicitados a completar a tarefa das caixas. Os participantes do grupo "alto" completaram significativamente mais caixas que os do grupo "baixo".

8. Yamaguchi, S., Yamagata, S. & Kobayashi, S. (2000), "Cerebral assimetry of the "Top Down" allocation of attention to global and local features. *Journal of Neuroscience*, 20, 1-5. Para mais informação sobre diferentes habilidades hemisféricas, ver: Springer, S. P. & Deutsch, G. *Cérebro esquerdo, cérebro direito* (Summu, 1998).

9. Para uma crítica realmente espirituosa e absorvente desta obra, ver: *Laughlab: The Scientific Quest For the World's Funniest Joke* (Arrow, Londres: 2002).

10. Smith, S. M. (2002), "Getting Into and Out of Mental Ruts: A Theory of Fixation, Incubation and Insight". Em R. J. Sternberg e J. E. Davidson (Eds.). *The Nature of Insight*, Cambridge, Massachusetts: MIT Press, 229-251.

11. Pediu-se aos participantes que respondessem às questões seguintes numa escala de cinco pontos, de 1 (concordo totalmente) a 5 (discordo totalmente): "Eu tendo a adotar uma atitude relaxada e brincalhona em relação à vida." O coeficiente Rho de Spearman foi estatisticamente significativo, indicando que os participantes que tenderam a relatar mais golpes de sorte em sua vida também eram mais brincalhões que os demais. Os participantes foram depois solicitados a classificar até que ponto acharam engraçada a "piada do cachorro" numa escala de cinco pontos, de 1 (muito sem graça) a 5 (muito engraçada). Os coeficientes de Spearman sobre a pergunta dos "golpes de sorte" e as classificações sobre a graça da piada foram estatisticamente significativos, indicando que os participantes que tenderam a relatar mais golpes de sorte em suas vidas acharam a piada mais engraçada que os demais.

**12.** Para mais informação sobre a demonstração do relógio, ver: French, C. e Richards (1993), "Clock this! An everyday example of a schema-driven error in memory". *British Journal of Psychology, 84,* 249-253. Para outros detalhes sobre a demonstração da moeda, ver: Nickerson, R. S. & Adams, M. J. (1979), "Long-term memory for a common object". *Cognitive Psychology, 11,* 287-307.

**13.** Rokeadi, M. (1948). "Generalised mental rigidity as a factor in ethnocentrism". *Journal of Abnormal and Social Psychology, 43,* 259-278.

**14.** Os participantes foram solicitados a classificar a afirmação: "Eu tive vários golpes de sorte em minha vida" numa escala de cinco pontos, de 1 (concordo totalmente) a 5 (discordo totalmente), e completar a Escala de Capacidade de Atenção Concentrada [Mindful Attention Awareness Scale (MAAS), em inglês]. O coeficiente Rho de Spearman entre essas duas avaliações foi estatisticamente significativo, indicando que os participantes que tenderam a relatar mais experiências de sorte também eram mais atentos e concentrados que os demais. Para mais informação sobre a escala MAAS, ver: Warren Brown, K. & Ryan, R. M. (2003), "The Benefits of Being Present: Mindfulness and Its Role in Psychological Well-Being". *Journal of Personality and Social Psychology, 84 (4),* 822-848.

**15.** Thompson, P. (1980), "Margaret Thatcher: a new illusion". *Perception,* 483-484. Reproduzida com permissão da Pion Limited, Londres.

**16.** Os participantes foram solicitados a classificar a afirmação: "Eu tive vários golpes de sorte em minha vida" numa escala de cinco pontos, de 1 (concordo totalmente) a 5 (discordo totalmente), e completar o Inventário de Curiosidade e Exploração. O coeficiente de Spearman entre essas duas avaliações foi estatisticamente significativo, indicando que os participantes que tenderam a relatar mais golpes de sorte em sua vida também eram mais curiosos que os demais.

**17.** Relatado em Langer, E. J. (1989). *Mindfulness.* Cambridge, Massachusetts: Perseus Books.

Este livro foi composto
na tipologia ZapfCalligr BT em corpo 11/15,
impresso em papel off-white 80g/m², no Sistema Cameron
da Divisão Gráfica da Distribuidora Record.